JN071713

アボリジニの言語

河崎 靖・千家 愛子 著

東京 **大学書林** 発行

アボリジニ:
オーストラリア本土とタスマニア島などの先住民とその子孫を指す。オーストラリアにおいて、Aborigine「アボリジニ」という固有名詞としての呼称は差別的な意味合いが含まれるとして、近年は使用されないことが多い。そのため、代わりに Indigenous Australians「オーストラリア先住民」や（Aborigine という名詞ではなく形容詞形を用いて）Aboriginal Australians「アボリジナル・オーストラリアン」などと呼ばれる傾向にある。

目　　次

序 ……………………………………………………………………………………………… 1

第 1 章　アボリジニの文化　－言語文化の諸相－ ……………………………… 6

第 2 章　アボリジニの言語 ……………………………………………………… 15

　2.1　言語の系統関係 …………………………………………………………… 19

　2.2　特徴的な言語現象 …………………………………………………………… 27

　2.3　テキスト …………………………………………………………………… 40

第 3 章　フィールド言語学の実際 ……………………………………………… 48

　3.1　ワンジラ語概観 …………………………………………………………… 50

　3.2　ワンジラ語の調査 ………………………………………………………… 56

　3.3　アボリジニの社会生活 …………………………………………………… 59

　3.4　ワンジラ語の親族名称とその言語的特徴 ……………………………… 63

　3.5　敬遠体－特別なスタイル－ ……………………………………………… 75

　3.6　消えゆく言語、生まれる言語 …………………………………………… 80

　3.7　アボリジニ言語の研究のこれからと研究者としての役割 …………… 90

参考文献 ………………………………………………………………………………… 96

術語集 …………………………………………………………………………………… 102

ダーウィン

ケアンズ

アリススプリングス

ブリスベン

パース

シドニー

アデレード

キャンベラ

メルボルン

序

オーストラリア先住民の世界では、どこでも、適切な土地の言語を話すことがパスポートであり、土地の人や精霊に、自分が親しい知己でありそこにいる権利があることを示すのである。[1]

　世界の言語の多くはおそるべき速度で滅びつつある。[2] 例えばオーストラリア先住民の諸言語は250にも及ぶが、その大部分は既に消滅し、今後とも長く存続しそうなものはほとんどない。[3] ロマンス語学者プライス Price, Glanville が著書 "The Languages of Britain"（1984:170）で述べたように、今日、英語は 'killer language'「殺し屋の言語」としての機能を図らずも果たしている。[4] その一方で、英語は奇しくも、文化と言語の均一化を助長する世界化の力を示し、その英語の普及がまさに少数言語の抵抗の道具ともなっている。[5]

　ただ、実際どんなに謝られても（それが後付け的であればあるほど）、取り返しのつかないほど危機的な状況にある言語がある。オーストラリア政府の方針（2008年2月）はラッド首相の口を通して確かに次のように語られた：「誇りある人々と文化が受けた侮辱を申し訳なく思う」、と。[6] 過去の政権が先住民に対して行なった政策に対して、このように首相が表明した謝罪文書がたとえ議会下院において全員一致で採択されたとは言っても、だからといっ

---

[1]　エヴァンズ Evans（2013:22）
[2]　ネトル＆ロメイン（2001:i-ii）：「最大の生物・言語多様性が見出されるのは先住民族の居住する地域で、人口こそ世界総人口の4パーセントほどにすぎないが、そこでは世界の諸言語の少なくとも60パーセントが話されている」。
[3]　ネトル＆ロメイン（2001:i）
[4]　少数民族の言語を研究する人たちは、例えば「アイルランド語は英語に殺された」という言い方をする。
[5]　英語による記述のおかげで再生を図ることができた言語が少なくない。
[6]　キーティング首相の次のような発言もある：「連邦政府がアボリジニの要求を法的でありモラルの要望として対処する」。

てアボリジニを巡る環境が劇的に改善されたというわけでは決してない。[7]

エアーズロック（アボリジニにとって神聖な場所）

　約250年前にヨーロッパ人が突然やってきて急激な近代文明化を図ろうとした時、ミショナリーの果たした役割はすこぶる大きい。[8]言語について言えば、文字がもたらされたことが大きいが、これにも増して彼らミショナリーの影響は（意識的であれ無意識的であれ）甚大なものだったのである。宗教的目的のため、宗派・活動領域の差異はあれ、彼らは現地の言語に関心をもち、例えば聖書の翻訳、現地語の文法・語彙の記述のみならず、その体系化・文字化を進めた。こうしたケースでは、植民地化と言語政策、殊に植民地行政とミショナリーの果たした役割を歴史的に十分、踏まえなければならない。植民地化の歴史を言語政策という観点から捉え直すことの必要性である。[9]アボリジニ側から見れば、彼らアボリジニは常に戸惑いを示し、[10]ヨーロッパ人にずっとさまざまな警鐘を鳴らし続けてきたわけである。[11]

---

[7] オーストラリアの一般の国民の目線では、アボリジニの先住権を認め、アボリジニが管理・運営する土地権とは、実際には主有権に匹敵するものと映る（青山 2001:181-182）。

[8] 同じような状況は世界に現存する他の言語についても当てはまる。

[9] 梶（1993:111-112）。キリスト教のミショナリーたちは、神の教えを理解させ、そして広めるために教育が必要だと考えていた（梶 1993:114）。

[10] 言語には民族文化・価値観・アイデンティティーなどが分かちがたく付与されていると認識されなければならない。

[11] アボリジニの中でもいろいろな立場がある。例えばムンバの人たちは今もコミュニティーでの生活を拒否して洞窟や岩場で生活しているアボリジニであるが、コミュニティー暮らしをしているアボリジニにやっかみを感じているふしがある（保苅 2004:61）。

ハーマンズバーグ
アボリジニ居住区でルター派の伝道地として名高い[12]

　一方、人類の文化遺産としての言語を保存しようとする動きも必然である。人類の歴史を通して言語の死は繰り返されてきたのは事実である。Evans（2010:xviii）の言うように Every two weeks, somewhere in the world, the last speaker of a fading language dies. 「世界のどこかで 2 週間に 1 人のペースで、衰退しつつある言語の最後の話者が死んでいる」。世界に現存する諸言語が消滅する速度は確実に増している。近いうちに今ある言語のおよそ半数が消滅すると言われているほどである。

　さて、フィールド言語学（本書の第 3 章）が少数言語を記述する当面の目標は、①文法：ヨーロッパ的モデルを持ち込むことなく個々の言語の文法をそれ自身の観点から記述、②テキスト集：テキスト研究を通して帰納的に個別言語の内的構造を発見する、③辞書：できるだけ包括的な辞書を整える、という 3 点[13]である。[14] 本書では、現地でのフィールド調査による言語研究にまつわる諸問題を総合的に捉え、現場での調査の様子を示すことができれ

---

[12] アーネムランド（アボリジニ居住区）などは基本的に許可証が必要な個人では行きにくい場所である。

[13] Franz Boas（ドイツ生まれ、アメリカへ移住）の提唱したモデルである。

[14] 私（河崎）自身、大学・大学院で言語学を専攻したが、主任の先生はチベット・ビルマ系の文献学的研究の傍ら、フィールドワークにも強い関心をもっておられた。ある時、先生がフィールドワーク時（タイの奥地での言語調査）のスライドを見せて下さった。印象に残る思い出である。

ばと考える次第である。これまでの先行する諸研究を踏まえ、フィールドで
はどのようなアプローチがとられるのか、フィールド言語学の醍醐味の一端
でも味わってもらえればと願うばかりである。

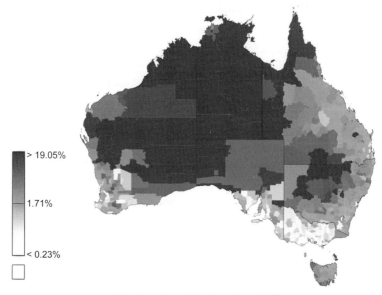

> 19.05%

1.71%

< 0.23%

アボリジニの人口密度（2011 年現在）[15]

　フィールドワークをこなすには、いわば言葉の専門家である共同研究者
（native speaker）との連携を必須とし、現地の生きたことばの用法を観察・
分析する作業なしには始まらない。対象となる言語の文法記述のためには音
レベルの記述が済まされていることが前提となる。音韻の記述がなければ
各々、個別言語の表記ができないからである。それぞれの言語で区別のある
音は聞き分け書き分ける能力が必要とされる。また文法記述とは言っても語
彙その他の言語事象と密接に連関しているわけであるから、社会的な関心を
広くもって臨むことが大切である。これらの課題をひとつずつ確実にこなし
ていくことによって、はじめて個別言語の正確なフィールド調査が成り立つ

---

[15] https://en.m.wikipedia.org/wiki/Indigenous_Australians（2018 年 10 月アクセス）

わけである。

　本書（第3章）ではアボリジニの言語の中、ワンジラ語をフィールド調査の中心とする。オーストラリアの他のアボリジニ諸言語をも視野に収めながら、ことばのあり方を体系的に明らかにし、かつ、ワンジラ語という個別言語の将来を見据える展望を示すことが本書第3章の課題である。[16] ことばの変異（ヴァリエーション：言語の間に見られる構造的・形態的な差異）のありようについても、その歴史を詳細に検討することによってはじめてその実相が把握できる。すなわち、ことばの揺らぎを捉えるにも、それが生じた根本的な背景、つまり社会的変異の成立のプロセスを時間軸に沿った通時的視点から考察しておくことが不可欠である。ことばの揺れというのは言語史の立体的投影図である。ことばの社会的変異は言語の実態に他ならない。この変異こそ言語文化の基層であり、人間の営為を表現する母語である。ただ単にことばを時空間的拡がりの中での変移として理解して、その変容の様子を切り取り理解すればことばの揺れというものは理解できるというわけでは決してなく、歴史的・社会的な要素へ十分な目配りを働かせ言語の諸相を客観的指標のもとに考察しなくてはならない。社会の歴史・文化を反映している言語表現は世代と共に変化していくが、その変容とは多くの場合、少なからず社会の各層同士の融合であろう。言語学の立場からすれば、こうした問題を調査し研究する中立的な視点が必要となってくる。[17]

　なお、執筆分担は、河崎靖が第1章・第2章を、千家愛子が第3章を担当した。巻末の術語集はある種、専門的な用語に関して読者の便宜を図ったつもりである。活用いただければ幸いである。また、図表はイラストレーターの山岡七菜瀬さんにお世話になった。御礼を申し述べたい。

---

[16] 文法的な全体像をつかんだ後に、社会方言、すなわち段階的な揺らぎを見せながらも言語圏全体を見渡すと一つの統一体としての言語体系が見て取れるモデル、つまり、さまざまな言語現象の何種類ものヴァリエーションを捉え、複合的な要素をデザインして表示するしくみ作りを将来的に目指したい。

[17] アボリジニの各個別言語も、その実態は各社会層のことばの総和である。各々の個別言語も、各層全体に支えられてはじめて生命を維持する存在と言える。

第1章　アボリジニの文化
－言語文化の諸相－

The great creative forces that inspire all humanity do not emerge out of universal civilization but out of the individuality of separate ethnic collectivities – most particularly, out of their very own authentic languages. (Fishman 1982:6)
「人類を鼓舞するような偉大な想像力は、普遍的文明からではなく、独立して存在する民族的集合体という個別性の中から生じる－特に、それぞれの集合体に属する真正の言語から生まれる」[18]

　「アボリジニ」という用語は、元々ラテン語の「最初から」(aborigine) を意味する ab「～から」+ origine「起源」に由来している。本来は、古代ローマ人から見た中部イタリア先住民を指示していたのだが、英語（aborigines）では意味がより一般化し「先住民一般あるいは土着の動植物」などを指し示すようになった。オーストラリア大陸が地形的に現在のようになって以後、ヨーロッパ人が到来するまで、オーストラリアは外の世界から、言わば隔絶された場所であった。[19] アボリジニが残した壁画にはインドネシア方面の特徴を有する帆船が描かれており、オーストロネシア系の文化 [20] と交流があったことが示唆されている。[21]
　そもそも、原初の先住民（アボリジニの祖先）がどこから来たのか、この

---

[18] エヴァンズ Evans (2013:38)
[19] 現在の人類学の知見では、700万年ほど前に猿人が出現した後、50万年前にアフリカで旧人、同じくアフリカで20万年前にホモ・サピエンス（新人）が出現、8～6万年前にこの新人がアフリカを出て世界各地に広がっていったとされている。
[20] オーストロネシア語族はオセアニアにおいては新しい民族である（その広がりは、インドネシア・フィリピン・マレー半島を中央に、北は台湾、西はマダガスカル、東はポリネシアのイースターにまで及ぶ）。
[21] ただし、言語の面で系統的な関係を見出すのは困難である："Austronesian and Australian languages are quite different in type and there is no hint of common ancestry." (Yallop 1982:31)

点を確定することは学術的に難しい。[22] 純粋に言語の問題に限定して、これまで印欧語学で営々と培われてきた比較言語学の手法を用いるにしても、時間のスパンが違いすぎ、そもそも、この印欧語の方法論が適用可能なのか疑問を呈さざるを得ない。すなわち、印欧語族に属する諸言語はせいぜい数千年の歴史しかないのに対し、[23] ずっと長い歴史（万単位の年月）が想定されるオーストラリア先住民の言語に比較言語学のアプローチがどこまで有効なのかは定かではない。[24] 言語を超え広く民族移動という観点から見れば、オーストラリアの先住民のルーツは、約5万年前の更新世末期に陸続きだったニューギニアを通り、アジア大陸から移動した人々ということになろう。[25] 海面の上昇により、オーストラリアおよびニューギニアが分離した後も、人々の移動 [26] は続き、現在のパプア人（ニューギニアのパプア諸語を話す人たち）が形成されるのである。[27] こうして、オーストラリア（アボリジニ）とニューギニア（パプア人）の人々がオセアニアの最も古い先住民とみなされることになる。[28] ただし、オーストラリア諸語とパプア諸語との系統関係はもはや

[22] オーストラリア先住民と同じ遺伝子をもつ人々がアジアに散見されるという報告もある。

[23] 言語の歴史において万年の単位の年代が経過すると、言語相互間の系統関係の解明は伝統的な比較言語学の手法では極めて困難か不可能である（崎山 1993:69）。

[24] 基本的にあくまで比較言語学の手法をとろうとする Dixon (1980) の提唱は正論ではあるが限界があることも確かであろう。

[25] 5万年の間、基本的に狩猟採集という形態は変わらなかったことになる。オーストラリアは、農耕の技術・武具（弓矢）・土器のない唯一の大陸である（大林 1999:23）。5万年前から歴史時代に至るまで狩猟採集生活が継続したという点で、例えば近隣のニューギニアとは異なっている（印東 1993:102）。

[26] 舟・筏による（東南アジアとは数十キロの距離）。

[27] ネトル＆ロメイン（2001:122-3）:「パプア・ニューギニアは、おそらく、世界でもっとも生物・言語多様性の豊かな国であろう（最近の統計では 860 言語）」。パプア諸語（＝非オーストロネシア諸語）が人口の集中する高地地方に集まり、オーストロネシア諸語の大部分が海岸沿いに分布しているのは、オーストロネシア諸語の話者たちの到来が歴史的に遅かったことを示していると言える。

[28] オセアニアは、太平洋（Ocean）を中心に、そこの島々ならびにオーストラリア大陸を指すが、元々はギリシア語の ōkeanía「地球の周りを取り囲む大河」に由来する（崎山 1999:29）。オセアニアは人類史の中でアメリカ大陸と並んで新しい。考古学の立場から言えば、後期旧石器時代になってはじめて人類が住むようになった地域である。

明らかではない。[29]

　オセアニアの言語状況について言えば、オセアニア島嶼部の大部分（特にミクロネシア・ポリネシア [30]）、および、東南アジア島嶼部の圧倒的大部分は、オーストロネシア語族 [31] に属している。[32]この歴史的背景を探るには、[33]東南アジアからオーストラリアに人が入植した今から5万年前の出来事の、その次の段階を知らなければならない。すなわち、紀元前1500年頃、西北メラネシアから、ラピタ文化 [34]（ラピタ人：原オセアニア語を話す原オセアニア人のこと）で有名な海洋的な言語集団が東の方向へと大移動を始めたのである。[35]

---

[29] 崎山（1993:69）

[30] （ニュージランドを除く）東ポリネシア（西ポリネシア＝サモア・トンガ）の主な島々への移住は紀元850年頃までには終わっていたであろうことは考古学的に証明されている。ニュージランドへの移住は紀元1000年頃であったと考えられている。ポリネシア人の伝承では「自分たちの祖先はハワイキと呼ばれる西の方から朝日に向かって帆を上げてやってきた。そして人が死ぬと、その魂は日の沈む西方へ戻っていく」と伝えられている。東ポリネシアでいう西方とはサモア・トンガを指している。

[31] これまで「マライ・ポリネシア語族」ともよく呼ばれてきた。

[32] 家畜・栽培植物を携えての渡海移動であったからこそ、動物・植物資源に乏しいオセアニア島嶼部に住み着くことが可能であったのだと言われている。

[33] ベルウッド Bellwood（2008:iii）:「ポリネシア人が広範囲に分布するという事実は実際にはオーストロネシア語族の拡散という驚くべき現象の単なる一部分にすぎない」。

[34] 1952年ニューカレドニアで発見された土器が「ラピタ土器」と命名されたことから、この文化がラピタ文化と呼ばれるようになった。ポリネシア文化の源流とする考え方が有力である。

[35] ラピタ人は、人類史上初めて遠洋航海を実践し太平洋の島々に住み着いたと考えられる民族で、言語的には、オーストロネシア語族（日本語：「南島語族」）の元となったオセアニア祖語（Proto-Oceanic）に近いであろうと想定されている。祖先は（オーストロネシア語を話す）モンゴロイド系の民族であり、元々は台湾にいて、その一部が紀元前2500年頃に南下を開始した。フィリピンを経て紀元前2000年頃にインドネシアのスラウェシ島・ニューギニア島・メラネシアに到達し、ここでオーストラロイドのパプア先住民と混血し、ラピタ人の始祖となった（紀元前1100年頃までに、西ポリネシアのサモア・トンガ海域に到達していた）。現在、タヒチ人やハワイ人、ニュージーランドのマオリ族、イースター島でモアイ像を作ったとされる人々と共に太平洋全域へと広まった言語・習慣・文化はラピタ人から受け継がれたものである。

オーストロネシア語[36]の元々の原郷は中国南部が想定され、[37]オセアニアへは東南アジア島嶼部（フィリピン・インドネシア）から入ったのであろう。こうして、東南アジアからオセアニアにかけて、[38]オーストロネシア語族の大きな連続的な分布地域が生まれることになった。[39]

　オーストロネシア語族は、実に東はイースター島から西はアフリカ大陸の東のマダガスカルに至るまでの広大な領域という、印欧語族に次ぐ2番目の大きさである。人類は東南アジアからオセアニアに何回も波となって渡り広がっていったという経緯があり、オセアニアは東南アジアの延長という側面も確かにある。自然人類学的には、東南アジアの人も、ミクロネシア・ポリネシア[40]の人たちもモンゴロイドであることは一般に認められているが、さ

イースター島の象徴モアイ像
ラピタ人が祖先の姿を描いて作り始めたと言われている

[36] オーストロネシア語族についても、過去の言語の再構形に依拠しながら、考古学的に先史文化を再編成し、故地や民族移動を推定しようとする試みが盛んに行なわれている。
[37] 崎山（1993:67）・大林（1999:21）
[38] オーストロネシア語族（基本的にモンゴロイド系）が渡来するはるか以前の数万年前に移住していたオーストラロイド（オーストラロ・メラネシアン）とされる先住民族との間で、言語的・文化的に激しい混交が行なわれた。その痕跡は特にメラネシアにおける言語の構造的多様性となって現われている（崎山 1993:67）。
[39] 農耕文化圏が拡大することになった。
[40] 原ポリネシア語は、今から3000年前ころ、フィジーからトンガを経由してサモアに至ったオーストロネシア語族の一派によって形成された。彼らは、メラネシア人・パプア人となった民族より約1000年遅れて、すでに先住民のいたメラネシアを通過し、無人島であったポリネシアに達したのである（崎山 1993:69）。14・15世紀には遠洋航海を終えポリネ

らにメラネシア[41]・ニューギニア・アボリジニの住人もモンゴロイドの中に
入るという説も提唱されている。[42]

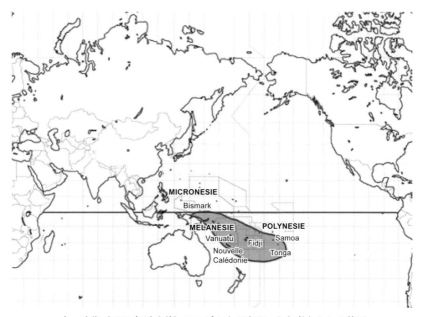

古い時代（4000年近く前）にラピタ人が広がったと考えられる範囲

シアの各島々は孤立化しそれぞれ特徴的な文化を築いていた（ヨーロッパ人が渡来するの
は16・17世紀のことである）。
[41] メラネシア語派は多くの点でポリネシア語派と言語的特徴を異にしている。インドネシ
ア語がパプア諸語と接触し混合して（ピジン化を受けて）メラネシア語派が形成されたと
する説が有力である。なお、仮面舞踏・秘密結社がメラネシア文化の特徴である。
[42] 大林（1999:21）

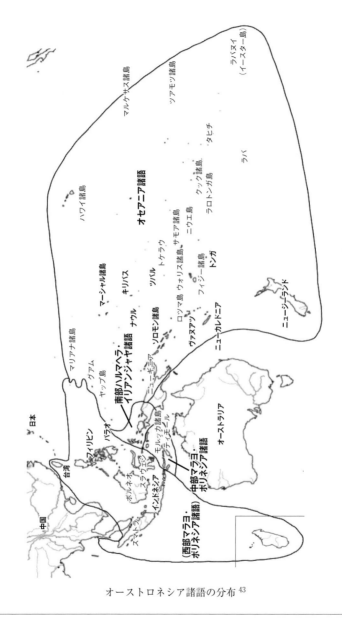

オーストロネシア諸語の分布 [43]

---

[43] http://www.r.minpaku.ac.jp/ritsuko/japanese/essays/languages/austronesian.html（2018 年

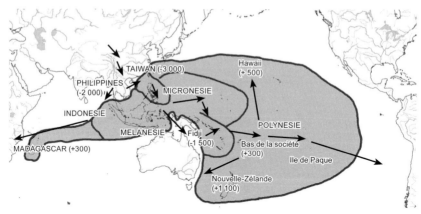

オーストロネシア語族の大移動[44]

　さて、アボリジニの文化的背景[45]に入っていこう。[46]アボリジニの世界観
（霊性・神話体系・法概念）を最も集約した形で表現した概念は大地（カン
トリー）であり、これは一般には「ドリーミング」dreamingと呼ばれている。[47]

10月アクセス）

[44] https://blogs.yahoo.co.jp/alternative_politik/22920207.html（2018年10月アクセス）

[45] 青山（2001:97）：「アボリジニ文化のように歌や踊りや神話として伝承され、文字では
なく語りとして受け継がれ、目に見えない精神性を重んじてきた文化を、西洋の実証主義
によって判断し証明することには根本的に無理がある。そのようなシステムでは、アボリ
ジニ自身の文化の分析方法や裁判所で口頭証言を評価する価値基準は、白人の裁判官から
は信頼するに足らないとして却下されてしまうこともある」。

[46] 青山（2001:119-120）：「ドリーミングに基づいて大地の精霊に踊りと歌を捧げることを
知識として習得しても、精霊の存在を信じていなければその踊りと歌は全く意味をなさな
い。ドリーミングはアボリジニのただの夢物語に過ぎなくなる。精霊の形は目には見えな
い。目に見えないものは証明できない。[…]しかし、観察できないからといって、また手
に触れることができないからといって、存在していないとは限らない。[…]岩や木や草花
に宿る精霊は存在するのだろうか。アボリジニにとって、答えはイエスである。それは、
証明されるべきものではなく感じるものだからである」。

[47] ドリーミングについての解説は、ローズ（2003:65-70）に詳しい。アボリジニの世界観
とは次のようなものである（ローズ2003:59-60）：「この世に生じたものは、すべからくそ
の創造を前提としている。多くのアボリジニにとって、この世のあらゆるものは生きてい
る。動物、樹木、雨、太陽、月、特別な岩や丘、そして人間、これらすべては意識をもつ。

大地は、あらゆる生命の起源とみなされている。例えば日本神話だと、神話で語られている物語は以前に起こった何かしらの事実を反映していると捉えられることが多いけれども、このドリーミングというのは、大昔に起こったのではあるが過去に終えられたことではなく現在もなお続いて起こっているという考え方である。まず初めに大地があり、そこにドリーミングたち（祖先神）が立ち現われ、地形をかたちづくり、各種の存在者を創造したのである。[48] すべては大地からやってくるとされ、あらゆる存在が大地によって生み出され、大地によって維持されていると考えられる。[49] 保苅（2004:63）によれば、この「大地（カントリー）」は、「ドリーミング」・「法」・「正しい道」・「歴史」と相互に交換可能な用語であるという。さらに言えば「正しい道、あるいは倫理という語に、物質的か形而上的かの分離がなされていない点は決定的に重要である。［…］大地・ドリーミング・法という三つの概念が相互に交換可能なのは、これらすべてに正しい道という倫理性が溶け込んでいるからにほかならない」。[50] このようにドリーミングは、特定の時間に縛られない、いつもある存在である。現在を生きている人々にも直接的に影響を与えるものなのである。

　大地（カントリー）は、その土地から採れる動植物を人間に提供してくれる場所という単なる空間としての意味だけでない。大地は精神的な拠りどころでもあるのである。ブッシュや岩場も先祖の魂の宿る場所であり、また各部族ごとの聖地があり、そこでは定期的に儀式が行なわれる。[51] 聖地は、創

レインボウ・スネークや毛濃いバケモノたち（Hairy People）、スングリ男（Stumpy Men）などの生きものもいる。これらすべてが、存在する権利をもち、それぞれ自分が帰属する場をもち、自分の法と文化をもっている」。

[48] 保苅（2004:62-3）

[49] ローズ（2003:29）のことばを借りれば、「大地は生命を維持するための『巨大なバッテリー』である。このバッテリーは、アボリジニの人々が儀式を執り行なうことで、生命力を充電することができる」。

[50] 保苅（2004:62-3）

[51] アボリジニ社会のネットワークを通してさまざまな情報が行き交う。オーストラリア北部の牧場地帯では牧閑期である雨期にはアボリジニの労働者は牧場を離れカントリーを巡り（walkabout）、他の牧場などに暮らす周辺の人々とも密接にコンタクトをとる機会がある。こうして、人的ネットワークがオーストラリア大陸中に拡まっていった。（保苅

造のエネルギーが宿っている場所であり、アボリジニが創造の時代に立ち戻り、生命の原点に触れる場でもある。[52] こうした宗教文化的な背景は、イギリス人をはじめとするヨーロッパ人には理解されず、キリスト教の布教の過程で文化が破壊されていった。自らはドリーミング（祖先神）の法倫理に従い生きる、大地の民族アボリジニは、自分たちとは異質のイギリス人をどう捉えていたのであろうか。[53] アボリジニ自身は大地の法に護られているのに対し、不道徳な行為（例：生物を殺す）を繰り返す人たち（例：イギリス人）には別の出自・由来があると考えていたのであろう（白人が「猿から生まれた」とする物語があるのは、どうやら進化論[54] の基本的な考え方によってのことのようである）。[55] いずれにしても、アイデンティティーの喪失にもつながりかねない痛手を受けた先住民族のアボリジニの文化には、私たちがイメージするようないわゆる宗教というものはなく、特定の教祖もいなければ、教会のような建物もない。キリスト教のような唯一絶対の神という存在はなく、人間は自然界のあらゆる種（動植物）と同じ生命を分け合っているという見方をする。[56] その土地に生きる自然界の存在すべてと同等に人間が生活する場である。祖霊という一つの魂から生まれたあらゆる生命は互いに等しい存在であり、人間だけが抜きん出ているのではないという世界観である。

2004:170)。

[52] 青山 (2008:28-31)。さらに「アボリジニには、土地を所有するなどという発想はなく、土地を切り刻んで所有したり売買するという発想は持ち得ない。それぞれの部族には、先祖伝来の居場所があり、各部族が受け継いだ決められた土地には先祖伝来の話（ヒストリー）がある」(ibid.)。

[53] 白人の多くが、混血児は白人の中で育てられた方が本人の幸福につながると信じていた（青山 2001:195）。

[54] この発想自体はヨーロッパから入ったものであるにせよである。

[55] 保苅 (2004:168)

[56] 青山 (2008:28-31)

第2章　アボリジニの言語

　エヴァンズ Evans（2013:23）によれば「自分のクラン（部族）の言語は土地権利証書のようなものであり、土地の所有権に加えて、精神的安寧と、そこで狩りをする時の幸運を確かなものとする。一方、他の言語の知識は、外に広がるネットワークを自分のものとすることを可能にする」。[57] ここで述べられているように、自らのアイデンティティーを示す機能を果たす言語は、同時に、地理的・社会的な意味で孤立して存在しているわけではないのである。オーストラリアの言語分布地図を一瞥すると、ほんのわずかの話者しかもたない、かなり多くの言語がオーストラリアの地図の隅々にまで境界線を張り巡らしているさまに驚きを覚えるが、実際には一つのクラン・一つの家族の中で多様な言語が日常的に用いられているのである。[58]

　そもそも、言語と言語の関係を示す語族・語派という基準の設定は一般的にそう容易な作業ではない。[59] 語族・語派を認定する基準の一提案として、[60] 基礎語彙の音韻対応を基に提唱されたアプローチが語彙統計学（lexicostatistics）的手法である。[61]

---

[57] 結婚は自分のクラン外の人としなければならないので、自分の妻ないし夫が自分と異なる言語を話すのは普通である（エヴァンズ Evans 2013:23）。

[58] 差異を目指すイデオロギーが、クランなどの言語集団の間の多様性を生み出す力となっている（エヴァンズ Evans 2013:43）。

[59] 次頁の図式は Yallop（1982:34）に基づく。用語としては上から順に、Family（語族）、Group（語群）、Subgroup（語派）、Language（言語）、Dialect（方言）となっている。

[60] 例えばオーストロネシア語族の全般を見渡すと、オセアニアにはメラネシア語派とポリネシア語派があるということになる。通りわけ、前者（メラネシア）には、異なる文化をもつ人々が何回かにわたって（しかも時間的にかなりの隔たりをもって）やってきたという回廊としての役割がある（印東 1993:101）。

[61] Wurm（1972; 1982）

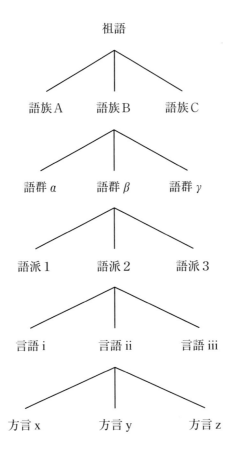

　基礎語彙が２言語間で共通に保持されている割合を算定し、言語間の親疎を図る方法が語彙統計学である。諸言語間で算出された保持率に基づき、系統的下位区分を行なう。[62] この作業は、言語のレベルに限らず、語族・語派・方言にも適用される。

　ただし、地域ごとに経験的な調整が加えられるのが通例である。例えば、

---

[62] こうしたアプローチを通時的に拡張し、ある言語が元の言語から分出した経過年代を語彙に基づいて測定する方法が言語年代学（glottochronology）である。一般的に、1,000 年たつと基礎語彙の 20% 弱が失われるという。

次のような分類基準である：方言（100 〜 a ％）、言語（b 〜 c ％）、語派（d 〜 e ％）、語群（f 〜 g ％）、語族（h 〜 i ％）。確かに、どの語族、どの語派などにも適用できるような普遍的な数値が確定されることが望ましいが、実際の現場（フィールド）ごとに事情が異なり、統一した数値が用いられることがないのが現状である。ちなみに一例として、アボリジニ言語の間で（例：ティウィ語・ピチャンチャチャラ語・アリャワラ語）で、下に挙げる常用語彙（50語）を用いて、語彙の共通性を測ってみると以下のようになる。50 の語彙のうち、どのくらいの頻度で共通なものが見られるかという調査である。[63]

ティウィ語 と ピチャンチャチャラ語の間	12%
アリャワラ語 と ティウィ語の間	8 %
ピチャンチャチャラ語 と アリャワラ語の間	16%

	ティウィ語 （Tiwi）	ピチャンチャチャラ語 （Pitjantjatjara）	アリャワラ語 （Alyawarra）
男	awurrini	wati	artwa
女	yimparlina	minyma	arila
父	ringani	mama	akapurta
母	naringa	nguntyu	akngiya
頭	pungintaga	kata	akapurta
目	pitara	kuru	artnga
鼻	yarrangantamura	mulya	ala
耳	mikantanga	pina	iylpa
口	yarrapuntara	tyaa	arrakirta
舌	yimitarla	tyarliny	alinya
歯	yingkana	kartirti	arntika
手	yikara	mara	itipa
胸	pularti	ipi, mimi	aylpatya
腹	pitapita	tyuni	atnirta
尿	pwatini	kumpu	umpwa

---

[63] Blake（1987:110）

	ティウィ語 （Tiwi）	ピチャンチャチャラ語 （Pitjantjatjara）	アリャワラ語 （Alyawarra）
糞便	kinirri	kuna	atna
腿	karipayua	tyunta	ilyipirra
足	kintanga	tyina	ingka
骨	pwata	tarka	ngkurna
血	yimpulini	yirrami	arrknga
犬	palangamwani	papa	aringka
ヘビ	aruwuni	nyinngi	unima
カンガルー （ワラビー）	tarraka	marlu	aghirra
ポッサム	nguninga	wayurta	antina
魚	miputi	antipina	irrpinga
クモ	parraka	impu	impa
蚊	mimini	kiwinyi	aghinya
エミュー	—	tyakipirri	arranga
オオイヌワシ	kutulakini	warlawurru	irritya
カラス	wakwakini	kaarnka	angirla
太陽	yiminga	tyirntu	ingkinya
月	taparra	kityirli	alkinta
星	tapalinga	pirntirri	ayntyarra
石	waranga	yapu	apurta
水	kukuni	kapi	kwatya
キャンプ	tangarima	ngurra	apmira
火	yikwani	waru	ura
煙	kumurripini	puyu	ukurta
食べ物	yingkiti	mirka	amirna
肉	puningkapa	kuka	akira
立つ	inti	ngarra-	itnima
座る	mu	nyina-	anima
見る	emani	nya-	arima
行く	uri	pitya-	alima

	ティウィ語 （Tiwi）	ピチャンチャチャラ語 （Pitjantjatjara）	アリャワラ語 （Alyawarra）
手に入れる	marri	mantyi-	inima
打つ（殺す）	pirni	pu-	atuma
私	ngia	ngayulu	ayinga
あなた	nginta	nyuntulu	nga
1	yati	kutyu	anyinta
2	yurrara	kutyarra	atirra

2.1 言語の系統関係

The deep creative interactions and synthetic insights come up, when
we look at one language or culture through the prism of another.
(Evans 2010:19)
「私たちが一つの言語のプリズムを通して他の言語ないし文化を見
る時、深いレベルでの創造的な交流と統合的な洞察力が生まれる」[64]

　一括りに「アボリジニ」と言っても、[65] 実際は多数の部族から成り立って
いる。言語調査からすると、多く見積もると 26 ～ 28 ほどの下位グループに
分類され、それらのグループはエアーズロック近辺のアナング（Anangu）族、
キュランダ地域（ケアンズの近く）のジャプカイ（Tjapukai）族のように区
分されるわけである。そして、それら相互間の文化的相異も比較的大きいと
されている。18 世紀末、ヨーロッパ人がオーストラリアを発見した時点で、

---

[64] エヴァンズ Evans（2013:39）
[65] いわゆる総称である「アボリジニ」という術語は、そもそも主流文化となった白人オー
ストラリア人意識による歴史的構築物であるとされる（Attwood 1989）。いわば劣等人種
としての「アボリジニ」という概念が構築されたのである。Yallop（1982）は、著書の序で、
"The reader is asked to assume that Aboriginal languages are indeed systematic."（Yallop
1982:19）と述べ、アボリジニの言語に関する偏見を解いている。

30 万人から 100 万人ほどのアボリジニがオーストラリアで生活していた。[66]
個別言語の数は 150 〜 650、部族数では 700 を越えていたと言われている。[67]

　アボリジニの諸言語は概して多様性に富むと言えるが、それでも、次の地
図で見るところの、オーストラリア西部のキンバリー地方（西オーストラリ
ア州のうちの最北部の地域）、および、北部準州の北部のアーネムランド地
方を除く全域が、パマ・ニュンガン（Pama-Nyungan）語群[68] に占められて
いることがわかる。いわば過半数の言語がこの語群（パマ・ニュンガン[69]）
に含まれることになる。[70]

非パマ・ニュンガン系の諸言語の分布地域

---

[66] 植民は大陸東南部・タスマニア島から始まり、今日この地域では先住民はほとんど皆無
である。現在では約 15 万人のアボリジニの人口が推定されるが、混血で先住民は約 5 万
人と言われている（角田 1988:992）。

[67] 数値に正確な情報を求めるには無理がある。当時のデータが不足しているからである
（Yallop 1982:27）。

[68] 狩猟・採集民族（ベルウッド Bellwood 2008:x）。

[69] 本来は「人」という意味である。

[70] ただし、諸語群・語派が集中している地域がアーネムランド（北部準州の北部）・キン
バリー（西オーストラリア州の北部）を中心とする大陸北西部であり、オーストラリア諸
語の故地ではないかと想定される。比較言語学的方法による系統分類は全く進んでいない。

　パマ・ニュンガン語群の内部の諸言語は音韻・文法・語彙等の面でかなり
類似性が高い。一方、非パマ・ニュンガン（オーストラリア西北部に集中）
の諸言語は、パマ・ニュンガン系とは特に文法面で著しい相違を示す。オー
ストラリア大陸の中でも、西オーストラリア州の最北部、および、北部準州
（Northern Territory）にある約 70 の、接頭辞を頻繁に使う諸言語（非パマ・
ニュンガン諸語）が分布している。[71] これら言わば「接頭辞言語」同士もま
たお互いに異なっており、[72] 23 の語群に分けられるのが通常である。[73]

　これまでの先行研究で、パマ・ニュンガン系も非パマ・ニュンガン系も併
せて、オーストラリア先住民のほぼすべての言語は系統的に一つの系統に由
来する（音韻・文法・語彙の面でかなりの共通点や類似点があるので一つの
語族であったとする見解[74]）と言われているが（例えば以下の引用に見られ
るように）、[75]

Most linguists now believe that all the languages of mainland Australia are
related to each other. Just as the Indo-European languages, [...] are held to
constitute a single large family, so also certain general similarities among
Australian languages suggest an 'Australian language family'. (Yallop
1982:30)

---

[71] 接尾辞も併せて用いる。つまり、接頭辞言語は接頭辞も接尾辞も使うが、一方、接尾辞
言語は基本的に接尾辞のみを用いる。
[72] もっとも、非パマ・ニュンガン系であり、かつ接尾辞言語というグループもある（Garawan
語派など）。
[73] オーストラリアの「接頭辞」型の言語は、辞順（主語代名詞接辞 s, 目的語代名詞接辞 o,
動詞語根 V の配列）が soV あるいは osV となり、一方、「接尾辞」型の言語では Vso あ
るいは Vos となるのが特色である。また、語順は一般にオーストラリア諸語では SOV を
とる。
[74] 角田（1988:992）
[75] Blake（1994:266-267）、Dixon（1980:220-228）、角田（2003:237）。Blust（2013:761）が
語る部分を引用すれば、"Dixon (1980) discussed various features of 'Proto Australian'
phonology, but without any clear use of the comparative method or subgrouping. Some
Australianists therefore question whether a Proto Australian sound system has yet been
reconstructed."

この点に関し決定的なことはなかなか言い難い。いわゆる印欧語学で培われた歴史・比較言語学のアプローチ（比較法）がどのくらいオーストラリア先住民の諸言語に適用可能なのか慎重にならざるを得ない。語族・語群の定義自体を見直し当てはめるという作業も必要になってこようと思われる。慎重な論調で語れば、Blust（2013:761）の言う通り、

> In 1841 the English sea captain George Grey drew attention to widespread similarities in phonology, lexicon and pronoun systems among languages across the entire southern half of Australia (Dixon 1980:11). This is sometimes taken as the first recognition of an Australian language family, although most contemporary Australianists probably would object that the languages Grey compared belong to a single subgroup (Pama-Nyungan) which covers about seven-eighths of the Australian landmass.

現状では、パマ・ニュンガン語群とみなされる言語のグループを一つの「語族」と捉えるのが妥当な解釈といったところであろう。

　さて、オーストラリアの諸言語のうち、パマ・ニュンガン語群に属さない諸語を地域別にリストアップすると以下のようになる。[76]

＜アーネムランド（大陸北部）＞

1．イワイジャ（Iwaidjan）語派：ガリグ語（Garig）・マルグ語（Marrgu）・イワイジャ語（Iwaidja）・マウン語（Maung）など
2．グナビジ（Gunabidjian）語派：グナビジ語（Gunabidji）など
3．ナカラ（Nakaran）語派：ナカラ語（Nakara）など
4．グンウィング（Gunwinyguan）語派：グンウィング語（Gunwinygu）・グンバラン語（Gunbalang）・ンガンディ語（Ngandi）など
5．ブララ（Burarran）語派：ブララ語（Burarra）など
6．ヌングブユ（Nunggubuyan）語派：ヌングブユ語（Nunggubuyu）など
7．アニンディリャクワ（Anindilyakwan）語派：アニンディリャクワ語

---

[76] Yallop（1982:11-17, 44-46）に基づく。

（Anindilyakwa）など

8．マラ（Maran）語派：マラ語（Mara）・アラワ語（Alawa）など

9．マンガライ（Mangaraian）語派：マンガライ語（Mangarai）など

10．マンゲル（Mangerrian）語派：マンゲル語（Mangerr）・ウニンガング語（Urningangg）など

＜北部準州（Northern Territory）内：アーネムランド以外＞

11．ティウィ（Tiwian）語派：ティウィ語（Tiwi）など

12．ララキヤ（Larakiyan）語派：ララキヤ語（Larakiya）・ウルナ語（Wulna）など

13．クンガラガン（Kungarakanyan）語派：クンガラガン語（Kungarakany）など

14．ワライ（Warraian）語派：ワライ語（Warrai）など

15．デイリー（Daly）語派：ンガンキクルンクル語（Ngankikurungkurr）など

16．ジャミンジュング（Djamindjungan）語派：ジャミンジュング語（Djamindjung）など

17．ヤニュワ（Yanyuwan）語派：ヤニュワ語（Yanyuwa）など

18．ガラワ（Garawan）語派：ガラワ語（Garawa）・ワーニ語（Waanyi）など

＜キンバリー（大陸北部）＞

19．ジェラガン（Djeragan）語派：キチャ語（Kitja）など

20．ブナバ（Bunaban）語派：ブナバ語（Bunaba）など

21．ウォロラ（Wororan）語派：ウォロラ語（Worora）など

22．ニュルニュル（Nyulnyulan）語派：ニュルニュル語（Nyulnyul）など

　上に挙げた諸言語以外は、すべてパマ・ニュンガン語群[77]に属し、他の語

---

[77] この語群も「接尾辞言語」である。

群に比べて格段に広範な広がりを見せている。[78] この語群に属する言語の総数は約 175 である。このパマ・ニュンガン語群（接尾辞言語）はお互いに比較的、似ているが、それでもいくつかの下位分類（すなわち語派）に分けられる。[79] 下の地図の中、アランダ（Arandic）語派・パマ・マリック（Pama-Maric）語派などが確認される。[80]

パマ・ニュンガン語群の広がり

---

[78] Yallop（1982）による。

[79] Yallop（1982:46-54）に基づく。下の語彙表も Yallop（1982:46-54）による。

[80] 非パマ・ニュンガン諸語の「接頭辞言語」である 23 の語群も地図の北部に挙げられている。

パマ・ニュンガン語群の下位区分

＜南西語派＞　大陸の南西部（South-Western）
　　ピチャンチャチャラ語（Pitjantjatjara）・ジャル語（Djaru）・グリンジ語
　　（Gurindji）・ワンジラ語（Wanyjirra）・ワルマジャリ語（Walmajarri）な
　　ど

＜アランダ語派＞　Arandic
　　アランダ語（Aranda）・カイティチ語（Kaititj）など

＜バークリー台地・西クィーンズランド語派＞
　　Barkly Tableland and Western Queensland
　　アリャワラ語（Alyawarra）など

＜南東語派＞　South-Eastern Australia
　　ディエリ語（Dieri）など

＜パマ・マリック語派＞　Pama-Maric
　　ウィク・ムンカン語（Wik-Munkan）・クーク・ヤウ語（Kuuku-Ya'u）
　　など

＜トレス島嶼語派＞　Torres Strait Islands
　　ミリアム語（Miriam）など

＜その他のクィーンズランド州（Queensland）の諸言語＞
　　ジルバル語（Dyirbal）など

	非パマ・ニュンガン			パマ・ニュンガン
	ティウィ語 （北部準州）	マウン語 （アーネムランド）	アニンディリャクワ語 （アーネムランド）	アランダ語 （北部準州）
犬	pilangimwani kirarringani wangkini pamulampunhi	lulutj	warruwarta	kngulya
落ちる	-akupuranthi -awulighi	-ngulk- puni	-ingkilharrina -ilyikatjawuna	tnyi-
食べ物 （野菜）	yingkiti muwunikini	warlitj	anhinga	mirna
足	milampwara kintanga	yurnu	alhika	ingka
与える	-akirai -ilua	-u	-kwuna	nthi-
行く	-uri -mi -atuala	-a -nya -tja	-ilhikena	ihi-
地面	yarti yakaluwini	kunak	atjiringka	arna
頭	pungintagha tuulua	wantji	aringka	kapurta
ヘビ	taringa aruwunga	arukin	yapitjapirra	apmwa
水	kukuni	wupatj	ayuwura akwunga	kwatja

2.2　特徴的な言語現象

　アボリジニの言語に見られる特徴的な現象を列挙して記述する。以下の項目に特化して（格体系・接辞・人称代名詞・音韻面など）その概略を描き、アボリジニの言語の特徴を示したい。

2.2.1　格の体系

　アボリジニの言語が一般に概して自由語順である（Word order is generally flexible.）[81] と言われるのは格標示がしっかりしているからである。[82]

　　「私が・それを・見た」
　　「私が・見た・それを」
　　「それを・私が・見た」

　格の問題に関して、アボリジニの言語で殊に知られているのは能格（ergative）の現象である。日本語などのような「主格・対格タイプ」ではなく、次の図表のような表われ方（「能格・絶対格」タイプ）をする。

	自動詞	他動詞 動作主項	他動詞 被動者項
日本語など	主格 (nominative)	主格 (nominative)	対格 (accusative)
オーストラリア 先住民語	絶対格 (absolutive)	能格 (ergative)	絶対格 (absolutive)

　具体的にアランダ語（Aranda, オーストラリア中央部）の例で示そう。この言語で能格を示すマーカーは接尾辞の -la である。

---

[81] Yallop（1982:121）
[82] ただし、文脈など語用論的要因に大きく左右される。

自動詞

　「子供が起きた」

　kitjiya　kamirrika

　子供　　起きた

　（絶対格）

他動詞

　「その女性が子供を見た」

　arrukutjala　kitjiya　rika

　女性　　　　子供　　見た

　（能格）　　（絶対格）

　この文例（自動詞文・他動詞文）のうち、他動詞の主語の位置に能格（ergative）が現われている。片や、このアランダ語の文例において、絶対格（absolutive）はゼロ標示（zero-suffix、マーカーなし）である。

　主格・対格タイプ言語のラテン語、および、能格・絶対格タイプ言語のアランダ語を対比的に示そう。

ラテン語

自動詞

　Fama　volat.「噂が飛ぶ」

　噂　　飛ぶ

　（主格）

他動詞

　Britannicus　amat　Juriam.「ブリタニクスがユリアを愛する」

　ブリタニクス　愛する　ユリア

　（主格）　　　　　　（対格）

アランダ語

自動詞
　　arrukutja　angkika.「その女性が話した」
　　女性　　　　話した
　　（絶対格）

他動詞
　　arrukutjala　kitjiya　rika.「その女性が子供を見た」
　　女性　　　　子供　　見た
　　（能格）　　　（絶対格）

　　ただし、オーストラリア全土で一貫した能格・絶対格パターンが現われる
わけではなく、北西部のンガルマ語（Ngarluma）では、次のような主格・
対格パターンが見出される。[83]

自動詞
　　「その男性が倒れた」
　　mayaka　pungkanha
　　男性　　　倒れた
　　（主格）

他動詞
　　「犬がその男性を噛んだ」
　　yukuru　pilyanha　mayakaku
　　犬　　　噛んだ　　男性
　　（主格）　　　　　（対格）

---

[83] mayaka が主格で「男性が」の意で、対格の語尾の -ku が付いた mayaka-ku が「男性を」
（対格）を表わす。

　また、能格・絶対格パターンでなく主格・対格パターンが現われる別のケースがある。オーストラリア先住民語の文法で目に付く現象に、通常の代名詞に加えて付属代名詞というものがある。[84] 通常の代名詞は能格・絶対格のパターンを示すのであるが、付属代名詞に限って主格・対格のパターンで現われる。ジャル語（Djaru）の例で示す。[85]

自動詞 [86]

　　「私が座った」

　　ngadju　nga-rna　nyirra.

　　私が　　　C-私が　　座った

　　代名詞　　付属代名詞

　　（絶対格）（主格）

他動詞 [87]

　　「私があなたを見た」

　　ngadju-nggu [88]　nga-rna-nggu　　　　nyundu　nyanya

　　私が　　　　　　　C-私が-あなたを　　あなたを　見た

　　代名詞　　　　　　付代　付代　　　　　代名詞

　　（能格）　　　　　（主格）（対格）　　（絶対格）

2.2.2　接辞（接頭辞・接尾辞）

　オーストラリア諸言語は一般に接辞（接頭辞・接尾辞）が豊富である。この独自性は、例えば次のように、ある一つの語根（root）に複数個の接辞が付くことがよくあることからもわかる。一例（ティウィ語）を示すと次の通

---

[84] フランス語のようにである。

[85] 角田（1999:45-46）

[86] ここで、C は carrier の略で付属代名詞を運ぶ機能だけをもった品詞である（語形は nga）。

[87] 「付代」とは付属代名詞のことである。

[88] -nggu は能格に語尾を示している。一方、絶対格はゼロ語尾である。

りである。

「私はしばらく食べ続けていたものだった」

ngi - rru - unthing - apu - kani
接頭辞　接頭辞　接頭辞　　　語根　　　接尾辞
「私が」　過去　　継続　　　「食べる」反復

このうち、例えば反復を表わす接尾辞（-kani）を省く文を作ると以下のようになる。[89]

「私は食べていた」

ngi - rru - unthing - apa
接頭辞　接頭辞　接頭辞　　　語根
「私が」　過去　　継続　　　「食べる」

名詞についても同様で、ピッタピッタ語（Pitta-Pitta）からの例証で示すと、

「クモがアリを食べた」

kupu - lu　　tita - na　　　tatyi - ka
語根　接尾辞　語根　接尾辞　語根　接尾辞
「クモ」　　　「アリ」　　　「食べる」過去

この文例のようになる。この例で、行為者(agent)を表わすのが接尾辞 -lu で、動詞の行為の影響を受ける者・物（patient）を示すのが接尾辞 -na である。この SOV の語順が基本であるが、[90]格の標示が明確であるので、例えば次例のような他の語順（SVO）も可能である。

---

[89] 現在形「私は食べる」は、ngu「私が」-apa「食べる」となる。
[90] Blake（1987:16）

「クモがアリを食べた」

kupu - lu　　　tatyi - kat　　　ita - na

語根 接尾辞　語根 接尾辞　　語根 接尾辞

「クモ」　　　「食べる」過去　「アリ」

類似の例（ピッタピッタ語）は以下の通りである。

「その老人が笑った」

kupakupa[91]　wiya - ka

　　　　　　語根　接尾辞

「老人」　　　「笑う」過去

「その老人はヘビを殺した」

kupakupa - lu　　　piti - ka　　　wama - na

語根　接尾辞　　　語根 接尾辞　語根 接尾辞

「老人」　　　　　　「殺す」過去　「ヘビ」

「蚊がその老人を刺す」

muki-lu　　　　patya - ya[92]　　　kupakupa - na

語根 接尾辞　　語根 接尾辞　　　語根　　　接尾辞

「蚊」　　　　「噛む」現在　　　「老人」

　（行為者など以外の）いわゆる斜格を表わす名詞の用法を挙げると以下のようである。

---

[91] この文例は自動詞構文であるため、接尾辞 -lu は付いていない。

[92] 接尾辞 -ka（過去時制）に対して、この -ya 接尾辞は現在時制を表わす。

「その老人はイサ山からダーウィンへ行った」

kupakupa	karnta - ka		Mt Isa - inya	Darwin - inu
	語根	接尾辞	語根 　接尾辞	語根　　接尾辞
「老人」	「行く」	過去	「イサ山」「から」	「ダーウィン」「へ」

　この文例では、名詞の後に接尾辞（-inya, -inu）を付けて、英語でいう前置詞の機能を果たしている語形の例が示されている。同じように、「〜に」（英：in）だと -ina で、「〜の」（英：of）だと -nga で表わされる（Darwin-ina「ダーウィンに」、kupakupa-nga「その老人の」）。このように、接尾辞によって異なる格が標示されるわけであるが、母音調和（1 語内で同種の母音が現われる現象）がはたらくため先行する母音に応じて語形が複数個ある。例えば、ワルピリ語で、与格（「〜に」、英：to）は、-ki（i の後で）：-ku（a や u の後で）となり、奪格（「〜から」、英：from）は、-ngirli（i の後で）：-ngurlu（a や u の後で）となる。こうした接辞による格標示と並んで、前置詞による用法もある。

ティウィ語　kapi「〜へ」

　「浜辺へ」
　kapi　tingata
　〜へ　浜辺
　「空へ（向かって）」
　kapi　yungungkwa
　〜へ　空

　名詞を修飾する形容詞については次のような規則である。すなわち、次の例（ピッタピッタ語）に見られるように、名詞の後に置かれるのが通常で、その際、名詞と同じ語尾をとる。[93]

---

[93] この文法ルールはピッタピッタ語に当てはまるものである。

「大きいクモがアリを食べた」

kupu - lu	wima - lu	tita - na	tatyi - ka
語根 接尾辞	語根 接尾辞	語根 接尾辞	語根 接尾辞
「クモ」	「大きい」	「アリ」	「食べる」過去

　ここでは、kupu-lu「クモ」（名詞）を修飾する形容詞 wima-lu「大きい」も名詞「クモ」と同じ接尾辞 -lu をとっている。同様に、tita-na「アリ」に形容詞「大きい」がかかる場合は wima-na のように、名詞 tita-na「アリ」と同じ接尾辞 -na をとる。

「クモが大きいアリを食べた」

kupu - lu	tita - na	wima - na	tatyi - ka
語根 接尾辞	語根 接尾辞	語根 接尾辞	語根 接尾辞
「クモ」	「アリ」	「大きい」	「食べる」過去

　文法性に関して、例えば ティウィ語は二つの区別（男性・女性）があり、また複数形もあり、これらは接尾辞によって表示される。

　tini「男性」：tinga「女性」
　tiwi「人々」（複数形）[94]

　mantani「男の友達」：mantanga「女の友達」
　mantawi「友達たち」

　自然の性別のない名詞については、一般に物理的に小さなものは男性に、大きいものは女性に区分される傾向がある。[95]

　mungkwani「小さな斧」：mungkwanga「大きな斧」

---

[94] 言語の名前（ティウィ語 Tiwi）は、この「人々」という語形に由来する。
[95] Yallop（1982:102）

　ただし、ここで挙げたティウィ語の場合のように、文法性が男性・女性の二つに区別される[96]というのはアボリジニ諸言語に関して一般化できる特性ではない。この男性・女性という区分と同格で、野菜（vegetable）、樹木（arboreal/wooden）、土・地（terrestrial）というカテゴリーが併存するケースが多く見られる。[97]例えば、ブララ語(Burarra)・ヌングブユ語(Nunggubuyu)について記すと次のようになる。

接頭辞のあらわれによる文法性の区分[98]

	ブララ語	ヌングブユ語
男性	an-	na-
女性	tjun-	ngarra-
野菜	mun-	ana-
樹木	mun-	mana-
土・地	kun-	mana-

2.2.3　人称代名詞

　まずは典型的な例を見ることから始めよう。接尾辞言語の代表としてピチャンチャチャラ語の文例を挙げる。

「私はあなたをたたくでしょう」
pu - ngku - rna - nta
たたく ～だろう 私は　　あなたを
　　（未来時制）

---

[96] この文法性の区分はフランス語・イタリア語と同じである。
[97] かと言って、このような文法性の区分によって、アボリジニ言語を母語とする人々の世界観を洞察できるというには至らないであろう。
[98] 接頭辞・接尾辞に関わらず「野菜」の場合、m- となることがアボリジニ言語全般に共通している。こうした接辞は元々、独立した名詞に由来するのかもしれない（Yallop 1982:105）。

　接尾辞 -ngku は、文の時制が未来であることを示しており、例えば過去の
接尾辞 -ngu を用いた文例（pu - ngu - rna - nta）では「私はあなたをたたいた」
という過去時制が表現されている。ここで、主語代名詞（rna「私が」）や目
的語代名詞（nta「あなたを」）は、この時制の接尾辞の後に付加され、「～
が」・「～を」が表わされ文が成立することになる。ただし、ピチャンチャチャ
ラ語を例にとってみても、文脈に応じた表現のヴァリエーションがあるのは
事実である。

　　　「あなたは私をたたいた」
　　　pu　-　ngu　-　rni　-　n
　　　たたく　～た　　私を　　あなたが
　　　　　　　接尾辞　　接尾辞　　接尾辞
　　　（過去時制）目的格 me　主格 you

　このように接辞を用いた方法ではなく、独立した語形の代名詞を添えて同
じ文意を表わすこともできる。

　　　「あなたは私をたたいた」
　　　nyuntulu　　ngayunya　　pu　- ngu
　　　あなたが　　　私を　　　　たたく　～た
　　　代名詞　　　　代名詞　　　　　　接尾辞
　　　主格 you　　　目的格 me　　　　（過去時制）

　　　「あなたは私をたたいた」
　　　nyuntulu　-　rni　　pu　- ngu
　　　あなたが　　私を　　たたく　～た
　　　代名詞　　　接尾辞　　　　接尾辞
　　　主格 you　　目的格 me　　（過去時制）

　以下に、一般的な特性として挙げられる諸例を概観する。代名詞に関連し
て接辞（接頭辞・接尾辞など）がさまざまな文法機能を担うのである。例え

ば数の表わし方として、単数・複数の他に双数の体系があり、「私たち二人（ペア）」あるいは「彼ら二人（ペア）」などの表現が可能である。

　　アランダ語：2人称単数　　unta　　　　「あなた（一人）」
　　　　　　　　双数　mpula　　　　「あなた（ペアで二人）」
　　　　　　　　複数　rrangkarra 「あなたたち（複数人）」

　人称に関しても独自のシステムがある。同じ1人称でも、対話の相手を含む表現か否かを区別するのである。具体的には、

　　ワルピリ語：1人称複数「私と（対話相手の）あなた」（合計二人）
　　　　　　　ngalipa
　　　　　　　1人称複数「私たち二人」（ただし対話相手は含めない）
　　　　　　　nganimpa

のように異なる語形となる。いわば 内包的（inclusive）あるいは 排他的（exclusive）というような対照的な観点から区別がなされ、話し相手が事象に関わっているのかいないのかが表現面ではっきりと弁別されるのである。
　文法性について、とりわけ3人称に注目して特徴的な事例を挙げれば、

　　ヌングブユ語：nika「彼」、ngika「彼女」

のように、男性・女性が区別して表わされる言語はむしろ稀で、多くの言語の場合、「彼」・「彼女」を表現するのに一つの語しか表現形式がない。この事象と別のケースであるが、グーグ・イミディル語（Guugu-Yimidhirr）の場合には、有生性・無生性が明確に弁別される。

グーグ・イミディル語：nyulu　pini
　　　　　　　　　　he/she　死んだ
　　　　　　　　　　「それ（犬＜有生物＞）が死んだ」
　　　　　　　　　　katapathi
　　　　　　　　　　折れた
　　　　　　　　　　「それ（例えば槍＜無生物＞）が折れた」

　このように有生のものを指示する時は代名詞が現われるが、一方、無生の
ものの場合は代名詞そのものが現われない。

2.2.4　音体系

　アボリジニ言語の基本的な母音体系は、a – i – u である。これに加えて、
長母音：短母音（ii：i など）の対立、[99] あるいは、二重母音（ai, au）が見ら
れることがしばしばある。いくつかの言語について、母音の体系を概観して
みよう。

	短母音				長母音				
ティウィ語	i	a	o	u					
ガラワ語	i	a		u					
アリャワラ語	i	a		u	ii				uu
ウィク・ムンカン語	i	e	a	o	u	ii	ee	aa	oo	uu
ジルバル語	i	a		u					

---

[99] アラビア語と同じ母音体系である。

　サンプルとして上に挙げたガラワ語について子音の体系を概観してみると以下のようである。

ガラワ語

	両唇音	歯茎音	そり下音	歯茎硬口蓋音	硬口蓋音	軟口蓋音
閉鎖音	p	t	ʈ	c	ḵ	k
鼻音	m	n	ɳ	ɲ	ŋ̣	ŋ
側音		l	ɭ	ʎ		
流音		r	ɻ			
半母音	w			j		

　音節の構造は一般に子音で始まり母音で終わる（$C_1V_1C_2V_2C_3V_3$ など）。確かに母音で始まる例（例えばアランダ語）もあるが、語頭の子音が消失したものとして説明できるであろう。

　アランダ語：angka「話」＜ wangka

　母音調和（1 語内で同種の母音が現われる現象）を示す言語もいくつかある（例：ワルピリ語）。

　ワルピリ語 maliki「犬」：「犬に」という意味で接尾辞をとる場合、i という母音の後では -ki となるが、その他の場合（i という母音以外の時）-ku となる。例　kurdu「子供」：kurduku「子供に」

2.3 テキスト

　パマ・ニュンガン語群のうちから、ある程度まとまったテキストをサンプルとして以下に掲げる（逐語訳および全訳を示す）。個別の言語（2種）のテキストとなるが、アボリジニの言語に特徴的な諸側面が現われているものである。いずれも SIL[100] のメンバーによって収集された貴重な資料である。

2.3.1 クーク・ヤウ語（Kuuku-Ya'u）

　パマ・ニュンガン語群に属するパマ・マリック語派の中のクーク・ヤウ語（Kuuku-Ya'u）のテキスト[101] を以下に挙げる。[102]

①
次の1節では、アボリジニの話でよく出てくる釣りが話題になる。その出だしの部分である。

ngayu	piipi	pampaana,	"nganyi	kaalnthi	malngkanaku."	ngulu
私が	父	頼む	私を	連れて行く	浜	彼が
（主格）			（対格）		（与格）	（主格）

kuu'alinya	"ngam,	ngayungkan	kaalnthaka.	wa'anama,	ngayu
言う	了解	私が・君を	連れて行く	すぐに	私が
		（主格）（対格）	未来形		（主格）

---

[100] Summer Institute of Linguistics のこと。

[101] D.A.Thompson 編（Summer Institute of Linguistics, Australian Aborigines and Islanders Branch, Darwin）"Lockhart River 'Sand Beach' Language. An Outline of Kuuku Ya'u and Umpila." 1988.

[102] クーク・ヤウ語の音声を http://globalrecordings.net/ne/language/3768 で聴くことができる（2018 年 10 月アクセス）。

uulimana." ngana waathin ngungkulu--[103] truckpinta. yutha
空腹な　　彼らが　行く　　あそこへ　　　トラックで　家に
　　　　　　　　　（3人称）

ngataangkulu, ku'unchi ngana alinya mayi ngatalaka, ngungku
私の　　　　　年とった　私たちが 拾う　パン　私の　　　　あそこで
（属格）　　　女性　　　（主格）　　　　　（属格）

pakayam ngana'a waathinya-- punthana'a. kungkaym nganan
下で　　　私たちが 行く　　　現われる　　北東に　　私たちを
　　　　　（主格）　　　　　　　　　　　　　　　　（対格）

kaalnthinya, wanan nganan, tangul, tangu kaayin puyanana
連れて行く　置き去る 私たちを　小舟で　小舟　近くで　飛ぶ
　　　　　　　　　（対格）　　　　　　　　　　（1人称複数）

wu'umathimana palmpana. Ngulu ilpiina. "ngayu wa'a ilpiimana."
すべてのもの　　下ろす　　彼が　戻る　　私が　　よい　戻る
　　　　　　　　　　　　　（主格）　　　（主格）

"ngam," ngayu inchinya ngungan. wa'anam ilpiichi.
了解　　私が　言う　　彼を　　　すぐに　戻る
　　　　（主格）　　　（対格）

私は父に尋ねました「浜に連れて行って」と。父は「いいよ、すぐに連れて行く。ただお腹が空いている」と言った。私たちはトラックで家に向かい、妻を乗せ、またパンを持ち、それから浜に出た。父は私たちを北東の方向に連れて行って小舟の近くで降ろした。私たちは飛び降り、いろいろなものを下ろした。父は去って行った、「また戻るよ」と言いながら。私は父に「わかっ

---

[103] 語の末尾のダッシュ記号（--）は音調等の理由で母音が消失していることを示す。

た」と言った。父はすぐに立ち去った。

②
ブッシュ（低木の林）で、たこのき（pandanus）の葉（その繊維がむしろなど編むのに適している）を集める女性たちの会話である。

N：ngaachi　miintha　waympa.
　　　場所　　　よい　　　ブッシュ

J：nyii　ngaachi　miintha　waympa.
　　　ええ　場所　　　よい　　　ブッシュ

J：ilka　ngi'ikani　paa'alpimana　kantikantiku.
　　　山　　この上　　　立つ　　　　　美しい
　　　　　　　　　　　　　　　　　　　（与格）

J：wantantu　ngu'ula　kuuchangka　Eh?
　　　どの道　　　君たちが　見る　　　　　ね
　　　　　　　　（2人称複数）

N：kani　pali.
　　　上　　　鋭い

M：kul'akul'a.
　　　非常に石造りの

N：puuya　wininyamulu.
　　　心　　　怖い

J：Nyii.
　　　ええ

J：Yaw, ngayu　ngaachi　yu'ayi　ngulanga　ngi'i　kalmaan.
　　はい　私が　　場所　　知らない　今　　　　ここに　来る
　　　　　（主格）　　　　　　　　　（1人称単数主格）

M：ngampula　ngula　kalmaan　ngi'i.
　　私たちが　　今　　来る　　　ここに
　　（主格）

M：ngayu　ngula　kuncahnya　ngaachi.
　　私が　　今　　見る　　　　場所
　　（主格）

J：ngaachilaka　ngampulungku　puulawi　miiminganlaka.
　　場所　　　　　私たちの　　　　父の父の土地　母の母の所有物
　　　　　　　　　（属格）

L：kupaku.
　　Cooperの
　　（属格）

N：Yeah.
　　そう

N：「このあたりはブッシュ（低木の林）の中でもいい所だ」。J：「ええ、確かにブッシュの中のいい場所だ」。J：「ここにそびえ立つ山は美しい。どう思う？　見てるんでしょ」。N：「頂上が尖っている」。M：「固い石でできている」。N：「怖い感じがする」。J：「そうね」。J：「この場所はよく知らない。今、来てるけど」。M：「私たち皆、初めて来たのよ」。M：「初めてよ」。J：「この土地は祖父（父の父）か祖母（母の母）の土地よ」。L：「クーパーの土地だわ」。N：「そうね」。

2.3.2　ワルマジャリ語（Walmajarri）

　パマ・ニュンガン語群の南西語派（グンピン・ヤパ グループ）に属する
ワルマジャリ語（Walmajarri）のテキスト[104] を以下に挙げる。[105]

①
水辺に生息するマジャラ（majala）[106] の木はいくつかの使い方ができる。魚
を取るには、この木をどう使えばよいのかが次に述べられている。

> Nyanarti kapi palu warntarnani majalajangka.　Majala palurla tukalany.
> あの　　魚　彼らが 入手していた　マジャラで　　　マジャラ 彼らが　たたく

> Wali tukalany palurla majala, ngapangala palu jupukujilany.　Wali
> よし　たたく　　彼らが　マジャラ それから水中へ 彼らが　浸す　　　　よし

> paja kuyi palu pirlajarrilany, paja　kuyi purlkapurlkajaa kapi
> 多くの 魚 彼らが 死ぬ　　　　多くの　魚　　大きいの(魚)と　　魚

> purlkapurlkajaa lamparnlamparn palu warntalany.　Warntalanypala
> 大きいの(魚)　　小さいの(魚)　彼らが　取る　　　それから取る

> palu yarr pajajinyangu wali.　Kulalu nitingjawurlurni warntalany,
> 彼らが ちょうど とても多くの　　終える 思われる　網で　　　　　　取る

> pajajinyangu kuyi nyanarti kapi tukuwarlany tukuwarlany.
> とても多くの　魚　あの　　魚　どっさり　　どっさり

---

[104] J.Hudson & E.Richards 編（Summer Institute of Linguistics, Australian Aborigines and Islanders Branch, Darwin）"The Walmatjari : An Introduction to the Language and Culture." 1984.
[105] ワルマジャリ語の辞書が http://ausil.org/Dictionary/Walmajarri/lexicon/index.htm で活用できる（2018 年 10 月アクセス）。
[106] メランチ（meranti, フタバガキ科の広葉樹）として知られる。典型的な南洋材。

土地の人々は、魚を取るために、マジャラ（majala）の木の樹皮をどう使えばよいかを知っていた。その木の樹皮を粉にし、それから水中に溶け込ます。そうすると魚が気絶して水面に浮き上がる。このようにして、さまざまな大きさの魚をたくさん捕えることができる。まるで網を使っているかのように多くの魚を取ることができる。

②
ブッシュ（低木の林）で食物を集めるのは女性の仕事であるが、この仕事のためにはブッシュに生息する動物たちについてよく知っていないといけない。アリの卵があるアリ塚の知識などである。

Puju parlipa ruwa yanany, yanujangka parlipa ruwa, nyakula
もし 私たちが 狩る 行く 行っている 私たちが 狩る わかるだろう

parlipa minyarti yani mungkukarti pinga yanany kirlingirrirlurra
私たちが この 行った アリ塚へ アリ 行く 入口へ

warntarri parla nguniny yangka. Wali pingakurarla nguniny
跡 彼の ある あの よし アリの巣で ある
　　　　　　　　（be動詞）　　　　　　　　　　　　（be動詞）

kirlingirri wamarnkujarra. Wali lanany parliparla milkinjawurlu.
入口 あちこちに よし つつく 私たちが 棒で

Tarrapungany parlipa minyarti mungku kaninykaninyjangka.
投げる 私たちが この アリの寝床 内側から

Wali purlpungany parlipa minyarti ngurtikarti. Jarlalany parlipa,
よし 集める 私たちが この 木製容器 えり分ける 私たちが

warapungany parlipa, yutukarralany parlipa, kurtukkarralanypala
搾る　　　　　私たちが　置く　　　　　私たちが　その後、選び出す

parlipa. Nyanartijangkala kakara nyanngurakujirnurla. Yangka
私たちが　その後　　　　　きれいな　湿らせて　　　　　　　　〜の時

parlipa kujarti murrkartalany, jarlalanypala parlipa.
私たちが　このように　選び出す　　　　その後、振る　私たちが

　私たちが食糧採取に出掛ける時、アリ塚に通じアリの巣の入り口に繋がる、アリの通った跡を見つけることが肝心である。アリ塚を棒で堀り起こし、アリの寝床を壊すとアリの卵が見つかる。アリの寝床とアリの卵を木製容器の中に入れ、その容器を振ることで、卵と（欲しくない）寝床の部分を分けることができる。それから卵を手で搾ると水気がでる（ので棒で集める）。このようにすると、アリの卵・アリの寝床が簡単に分かれ、卵をきれいに取り出せる。再び容器を振り、アリの寝床をまた取り除く。

③
親戚の者が亡くなると、慣習として食物規制（taboo）がある。[107] 次の１節は、息子を亡くした際の母の様子が描かれている。

Kukajarti　　　palurla　　pirriyani　ngamajiwu.　Marni　　palurla,
悪い知らせをもって 彼らが彼女に　来た　　　母に　　　　言った　彼らが彼女に

"Walaku　man　marlaljarrinya　nyuntu."　Muntala　palu　parntakujirni
息子　　あなた　〜なしで　　　あなた　腹　　　彼らが　うな垂れさせた

jakuljangkarlu　ngajukura　ngamaji.　Munta　palu　parntakujirni.　Wali
知らせから　　　私の　　　母　　　腹　　　彼らがうな垂れさせた　確かに

---

[107] 死者のための食物規制（taboo）は通例３〜４年、続く。

lungani   kumantajaa jininyarajaa karuwarrajaa pukanyjajaa rakarrarla.
泣いていた 朝と   昼と   午後と   夜と   日の出(の時)に

Kuyiwarnti manya   ngarnani   pujurl   walak.
動物   彼女が   食べていた   カエル類   カエル類
              それらを

悪い知らせを持って人々が母のもとへやって来た。彼らは「息子さんが亡くなった」と言った。母は悲しみに襲われた。朝も昼も夜も何日も泣いた。引き続いて、母はカエルなどの小動物しか食べないようになった。

第3章　フィールド言語学の実際

　現存するアボリジニの諸言語のうちの大部分は、数名の話し手しか残っていない、あるいは覚えているが日常的に話す機会がないといった言語である。これらの言語は若い世代に受け継がれておらず、話者が亡くなってしまえば、当該言語も実質的に消滅してしまう運命にある。筆者が現地調査を行なったワンジラ語（Wanyjirra）は、まさにこのような状況の言語であった。現在、調査のインフォーマント（言語調査の協力者）はほとんど亡くなっており、流暢に話せる者はいない。本章では、筆者の現地調査の経験とワンジラ語の特徴を中心に述べる。

　ワンジラ語はかつて北部準州のヴィクトリア川区域の南西部で話されていた。西オーストラリア州との州境に近い、インヴァウェイ牧場（Inverway）、レヴァレン牧場（Reveren）あたりである（地図を参照）。この地は、近隣のコミュニティー、すなわち、カルカリンジ（北部準州）やホールスクリーク（西オーストラリア州）からそれぞれ150キロ、250キロほど進んだところに位置する、陸の孤島のようなところである。その周辺、西側にジャル語、東側にグリンジ語、北側にマルギン語、そして、南側にガタンガルル語を話す人々がそれぞれ暮らしていた。[108] しかし白人が牧場経営を始めた後、ワンジラ人を含めたアボリジニの人々の一部は祖先の土地を離れて牧場で働き、その周辺に住んだ。そこで、アボリジニ同士、別言語を話す者同士の交流が日常的に行なわれた。

---

[108] ガタンガルル語は1970年代後半にはすでに話者が数名しか残っておらず、現在は消滅したとされる（Tsunoda 1981；角田 2003）。元来彼らの土地であったラジャマヌ（Lajamanu）は現在、ワルピリ人（Warlpiri）の居住地となっている。

（言語地図：東キンバリー地区とヴィクトリア川区域）[109]

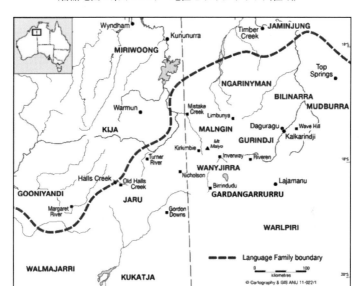

　1980年代から1990年代前半にかけて、多くのアボリジニは、当時の政策によって近隣の町や村に移され、定住するための家を与えられた。ワンジラ人も西オーストラリア州のホールスクリーク、ワルムン、カナナラ、北部準州のキャサリンやカルカリンジなどに移り住んだ。現在、少なくとも筆者が調査を行なっていたころ、ワンジラの土地で暮らすアボリジニの人々はいなかった。

---

[109] Senge（2016）。左半分が西オーストラリア州、右半分が北部準州である。地図に用いた黒い丸は町や集落、黒い四角は牧場（すでに閉鎖されているものも含む）を示す。アルファベットの大文字は言語名、地図を南北に分断する点線は言語グループの境を表わし、南側にパマ・ニュンガン諸語、北側に非パマ・ニュンガン諸語が分布している。本地図上での言語名は最近の文献資料で広く使用されている綴りを採用しているため、2.1で用いられているものとは異なるものがある。2.1でDjaru・Kitja・Djamindjungと綴られている言語は本地図上ではそれぞれJaru・Kija・Jaminjungと綴っている。

3.1 ワンジラ語概観

　ワンジラ語はパマ・ニュンガン語群のグンピン・ヤパグループに属する。
このグループには、ワンジラ語の他、ワルマジャリ語（Walmajarri）・ジャ
ル語（Jaru）・ンガディ語（Ngardi）・マルギン語（Malngin）・グリンジ語
（Gurindji）・ンガリンマン語（Ngarinyman）・ビリナラ語（Bilinarra）・ムド
ブラ語（Mudburra）が属するグンピン語派と、ワルピリ語（Warlpiri）とワ
ルマンパ語（Warlmanpa）が属するヤパ語派を含む。[110] グンピン語派とヤパ
語派は、語彙、音韻、文法の面で共通した祖語からの変化を遂げており、大
きな方言連続体を成している。[111]

　特にグンピン語派はその中でもより小規模な連続体を構成し、ワンジラ語
は地理的にその連続体の中心部に位置している。つまりワンジラ語は、西側
のジャル語、北のマルギン語、東のグリンジ語に隣接する。そのため、ワン
ジラ語はこれらの近隣言語と非常に似ており、文献上はジャル語やグリンジ
語の方言とみなされていることが多い。[112] 例えば、語彙の統計調査によると、
ワンジラ語はこれらの近隣語それぞれと 65% から 75% ほどの同語源の語彙
を有している。[113] 実際、それぞれの言語の話者はある程度相互理解でき、多
言語を話せるお年寄りもいる。

　一般的にオーストラリアの言語では、71% 以上の同語源語を有する A 言
語と B 言語は方言関係にあるとみなされる。[114] しかし、アボリジニの人々に
とって彼らの民族的政治的観念から、祖先から受け継いだ言語と土地は密接
な関係を持っており、自分達の祖先が暮らしていた土地それぞれに各々の言
語、ことばがあると考えられている。そして、大抵の場合話者は自分達のこ
とばと他のことばの語彙的、音韻的、文法的な違いに敏感であり、それらを

---

[110] McConvell & Laughren（2004）

[111] McConvell & Laughren（2004）

[112] Tsunoda（1981）；McConvell（1988）など。同様に、マルギン語もグリンジ語の方言と
扱われることが多い（McConvell 1988；Ise 1999 etc.）。

[113] Senge（2016）

[114] O'Grady et. al.（1966:24-25）

自分達のことばを区別する際の指標にしている。[115] ワンジラ語話者やジャル語話者もそのような指標を持っており、筆者が質問すると、「ワンジラ語では X、ジャル語では Y」というように線引きをしていた。

　ワンジラ語の音韻や文法は、他のグンピン・ヤパ言語と同様に典型的なパマ・ニュンガン語群の特徴を持っている。

　まず音韻面では、シンプルな母音体系（短母音 a i u と長母音 aa）をもつ。子音には、破裂音（b d rd j g）・鼻音（m n rn ny ng）・側音（l rl ly）・弾き音（またはふるえ音）（rr）・接近音（w y r）があり、摩擦音はない。[116] 破裂音には有声・無声の区別がない。例えば、両唇破裂音 /b/ は、ある程度の傾向はあるものの、[b] [p] どちらかで発音される。

　形態的には、語幹に接尾辞を付けて語を作る膠着語の特徴をもつ。名詞や形容詞、数詞、指示詞などの名詞類は同様に格変化し、一つの名詞句を構成するものは、同じ格接尾辞が付く。

　ワンジラ語は形態的能格性をもつ。つまり、名詞類は自動詞の項（S）と他動詞の被動者項（P）は絶対格で、他動詞の動作主項（A）は能格で表示される。[117]

（1）「一人の男がカンガルーを殺した。」

yangi-nggu	mawun-du	ngu	bu-nya	jiya
一人-能格	男-能格	REAL	打つ-過去	カンガルー-絶対格[118]

---

[115] Sutton（1991）

[116] /rd rn rl r/ は反り舌音で、/j ny ly y/ は硬口蓋音である。ワンジラ語の書記法では、軟口蓋鼻音 ng と子音連続 rn + g, n + g を区別するために、子音連続のほうには、音素の切れ目にコンマを用いる（例：rn.g, n.g）。

[117] S（Subject）は自動詞の主語、P（Patient）は他動詞の目的語、A（Agent）は他動詞の主語を表わす。

[118] 例文では、ワンジラ語やその他の伝統的なアボリジニの言語とクリオール語を区別するために、クリオール語の単語は斜体で示す。例文での略語使用は以下の通りである。1（1人称）；2（2人称）；3（3人称）；COND（条件節詞）；DIS（主題や主題変換などを表わす談話標識）；du（双数）；DYAD（親族ペア）；exc（非包含）；inc（包含）；KIN（親族名称）；LINK（接尾辞などが付加される場合に特定の音素を連結させるためのつなぎの形態素）；obj（目的語）；obl（斜格）；pauc（少数(3-5)）；pl（複数）；POSS（親族関係・所有）；

しかし、自立語として現われる独立代名詞の場合、これら三つの主要項は単一の形で表わされる。また、他の自立語の後に付く付属代名詞は主格・対格型をとり、SとAを一つの形（主語形）で表わし、Pを別の形（目的語形）で表わす。

（2）「私はよくンガルワンジに行った。」

ngayu	ngu=**rna**	yan-an-i	Ngalwanyji-lawu
1sg	REAL=1sg.sbj	行く-継続-過去	Ngalwanyji-向格

（3）「私は娘を連れて行く。」

ngayu	ngu=**rna**	gang-ana	ngala-yi
1sg	REAL=1sg.sbj	運ぶ-現在	女性の子-KIN.絶対格

（4）「彼ら二人は私を追ってきた。」

ngayu	ngu=**yi**=wula	jarrara	man-i
1sg	REAL=1sg.obj=3du.sbj	追跡する	得る-過去

　ワンジラ語は典型的な非階層的言語といえる。[119]つまり主語－目的語－動詞といった文法関係を基にした語順の厳格な規定はなく、主要な項である名詞句（独立代名詞を含む）が頻繁に省略されることにより、その人称・数・包含性[120]・文法関係は付属代名詞でのみ表示される。[121]しかし、語順は文脈から影響を受け、重要な情報が文頭に現われる傾向にある。付属代名詞は法

RDP（音節反復）；REAL（現実・直接法）；RS（敬遠体）；sbj（主語）；sg（単数）；SUB（従属接続詞・従属標示接辞）；-（語根・接辞と接辞の境）；=（語幹と接語の境）

[119] オーストラリアの言語の非階層性については、Hale（1983）や Austin & Bresnan（1996）などさまざまな文献で研究分析されている。

[120] 1人称を指す代名詞には、聞き手を含める包含形と含めない非包含形がある。例えば複数形では、包含形は「私（話し手）とあなた（聞き手）とその他」、非包含形は「私（話し手）と（聞き手以外の）第三者達」を指し示す。

[121] 一般的に談話の中では、既出の情報や話者が聞き手も知っていると判断した情報などが省略され、付属代名詞でのみ示される。

（mood）を表わす小辞や、従位接続詞、疑問代名詞や動詞の一部の活用形に
付き、通常、節の第一、または第二構成素として現われる。例（5）はある
物語の冒頭部分である。第一文にて、話の登場人物である二人の男（gujarra
mawun）は名詞句で表示され、文の第一構成素として現われる。第二、第
三の文では文頭の付属代名詞によってのみ表わされる。

（5）「二人の男が歩いていた。」

gujarra	**mawun**	guya=wula	yan-an-i
二人-絶対格	男-絶対格	DIS=3du.sbj	行く-継続-過去

「彼らはカンガルー狩りをしていた。」

ngu=**wula**	wilinyi	yan-an-i	jiya-wu
REAL=3du.sbj	狩りをする	行く-継続-過去	カンガルー-与格

「それから、彼らは川辺に腰かけた。」

ngu=**wula**	garri-nya	lulu	*nao*	gani	bin.ga-ga
REAL=3du.sbj	在る-過去	座る	今	下へ	小川-処格

　多くの北オーストラリアの言語と同様に、ワンジラ語には二つの異なる動
詞的品詞がある。一方は屈折動詞で語根に時制・相・法の接尾辞が付く。も
う一方は非屈折動詞といい[122]、ほとんど活用はせず、主に屈折動詞と組み合
わさって複合動詞を構成する。屈折動詞はそれだけでも述部として機能する
が、語根が38しかなく、一般的に大まかな語彙的意味しかもたない。しかし、
非屈折動詞と組み合わさることによって、さまざまな行為・動作・状態を表
わすことができる。例文（6）では屈折動詞 bung- 'hit（打つ）'が単一述語と
して機能しているが、（7）では同じ屈折動詞が非屈折動詞 jarrwaj 'spear（槍
で突く）'と複合動詞 jarrwaj bung- 'spear（槍で突く）'を形成している。

---

[122] これらは 'preverbs'（Nash 1982）や 'coverbs'（Schultze-Berndt 2000）、'uninflecting verbs'
（McGregor 2002）などと呼ばれている。

（6）「私はその獰猛な犬をたたいた。」

　　　ngu=rna　　**bu-nya**　　nyila　　　guliyan　　　warlagu
　　　REAL=1sg.sbj　打つ-過去　　その　　　獰猛な.絶対格　犬.絶対格

（7）「彼はそれを槍で突いた。」

　　　ngu　　**jarrwaj**　　**bu-nya**
　　　REAL　槍で突く　　　打つ-過去

　　屈折動詞とは異なり、非屈折動詞には多くの語彙が存在する。その中には
借用語も多く含まれている。例文（8）では、アボリジニ英語またはクリオー
ル語[123] の *kikim* 'kick（蹴る）' がワンジラ語の屈折動詞 man- 'get, do（する）'
と複合動詞を構成している。

（8）「その子供はそれを蹴った。」

　　　nyila　　yamaji　　ngu　　***kikim***　　man-i
　　　その　　子供.絶対格　REAL　蹴る　　　する-過去

　　ワンジラ語の談話は、名詞的な語が述部となる名詞文や、動詞が述部とな
る動詞文の連続で構成される。それらの多くは単文である。ワンジラ語には
等位接続詞がないが、従位接続詞があり関係節やさまざまな副詞節を作る。
これらの従属節は定形の屈折動詞を含む。（9）（10）では、それぞれ従位接
続詞 nyangga が条件節、guya が関係節を構成している。従属節は、[　]にて
示す。

---

[123] アボリジニ英語（Australian Aboriginal English）は先住民が話すオーストラリア英語の
方言とされているが、さまざまなヴァラエティーが存在し、よりオーストラリア標準英語
に近いものから、訛りがより強いクリオール（Kriol）に近いものまである（Eades 1996）。
多くのアボリジニは、話し相手や状況によってこれらの異なるヴァラエティーを使い分け
ている。

― 54 ―

（9）　「もし雲が去ったら、日光を浴びられるだろう。」

    [maarn   **nyangga**   yan-gu   marri]
    雲.絶対格   COND   行く-未来   離れて
    nga=li   gangirriny   garru-wu
    REAL=1du.inc.sbj   太陽.絶対格   保持する-未来

（10）　「彼／彼女の母親は子供が食事しているのをやめさせた。」

    ngama-nyan   ngu=la   nganany   marn-i   yamaji-wu
    母-3KIN.POSS.絶対格   REAL=3sg.与格   止める   話す-過去   子供-与格
    [**guya**   mangarri   ngarn-an-i]
    SUB   植物性食物.絶対格   摂取する-継続-過去

　　不定従属節は非屈折動詞や屈折動詞の不定形を述部としてもち、ある格の
接尾辞と同じ形の従属標示が付く。(11) では、非屈折動詞 darugab 'bathe（入
浴する）' に処格と同じ形の従属標示 -gula が付き同時に起きる事象を表わ
す節を作り、(12) では、屈折動詞の不定形に奪格と同形の従属標示 -nginyi
が付き、原因または理由を表わす節を作っている。

（11）　「子供達が（川で）水浴びをしている間、彼らは子供達を監視している。」

    ngu=lu=yanu   warra   gang-ana   yamayama
    REAL=3pl.sbj=3pl.obj   見る   運ぶ-現在   子供達.絶対格
    [**darugab-gula**]
    入浴する-SUB.同時性

（12）　「（ナイフで）切ったので、私には瘢痕がある。」

    ngu=rna   garran-ana   nawun   [**gumarn-u-nginyi**]
    REAL=1sg.sbj   保持する-現在   瘢痕.絶対格   切る-不定-SUB.理由

3.2　ワンジラ語の調査

　筆者がワンジラ語の調査を行なったのは、2009年から2013年にかけて合計で約13か月間に及んだ。フィールド言語学者の行なう調査には、未知の言語や話者を求めて未開のジャングルを分け入る、または小さなボートに乗って島々を渡る、といった「冒険」がつきものであることも多い。しかし、筆者の場合はそうではなく、ワンジラ語や近隣言語に関するフィールドノートや音声テープを別の言語学者から引き継ぎ、それらを出発点に調査を開始した。さらに二人のワンジラ語話者がホールスクリークに住んでいることがわかったので、彼女達から当該言語を習うためまっすぐ現地に向かった。[124]

3.2.1　話者を探して

　ホールスクリークは西オーストラリア州の北、東キンバリー地区に位置する小さな町で、人口の7割以上が先住民である。[125] この地は元々、ジャル人とキジャ人のテリトリーであったため、ここに住む先住民の多くはこの二つの部族に属している。その他にワンジラ人、グニヤンディ人、ワルマジャリ人、クカジャ人などが住んでいる。ワンジラ人は少数派である。古い統計によると、1972年の時点で、北部準州に住むワンジラ人は54人しかいなかった。[126] このことからワンジラ人の数は元々少なかったと思われる。

　ここで注意して欲しいことは、「ワンジラ人」と「ワンジラ語話者」というのは同義ではないということである。本稿では、「ワンジラ語話者」とは本人の出自、つまり、ワンジラ人を祖先にもつか否かに拘わらず、ワンジラ語を習得し話す者を指す。例えば、ワンジラ人の両親をもつ者でも、その後の生活環境によってワンジラ語を話せずその他の言語を使う者は、ワンジラ

---

[124]筆者がワンジラ語の研究を始める機会を与えてくださった角田太作博士に謝意を表する。角田博士は1970年代後半に行なったジャル語の現地調査の際、ワンジラ語のデータも収集し、さらに1995年から数年にわたって現地を訪れ、ワンジラ語の調査を行なった。筆者がワンジラ語を習っていた二人の話者も角田博士の調査の協力者であった。
[125] Australian Bureau of Statistics（2011）
[126] Milliken（1976）

語話者に含まれない。逆に、ワンジラ人以外を祖先にもつ者でも、ワンジラ語を習得しこれを話す者は、ワンジラ語話者とみなされる。

　ワンジラ語話者の数を推定することは非常に困難である。少なくとも筆者が調査をしていたころは、話せるであろうという人が四、五名いた。このようなあいまいな表現を使った理由は、「あの人はワンジラ語を話す」という情報を入手してはいたが、筆者がその人に会って確かめることができなかったからである。筆者が実際会った話者は全員60代から80代であった。日常的に使う機会がないため、すでに忘れかけており、自然な会話やモノローグをワンジラ語だけで行なうことはできなくなっていた。彼らに育てられた子・孫世代の中には、ワンジラ語の限定的な受動的知識をもっている者いたが、自ら話すことはなかった。また、話者はワンジラ語だけでなく、近隣の言語やアボリジニ英語をも話すマルチリンガルである。自分達の土地から他部族が暮らす町に移住した後、元々数が少なかったワンジラ人のことばは、どこに行っても少数派であったため、彼らは他の部族のことばやアボリジニ英語などを使うようになった。多くの者は完全にそれらの多数派言語に移行し、他の者はワンジラ語と他の言語を混ぜて話す。そのため、誰がワンジラ語を話すのかを判断することが困難であった。

　ホールスクリークに住む話者は、タイニーとマギーという80歳を超えたおばあさんだった。それぞれ子供・孫・ひ孫までたくさんの家族がいたが、おばあさん以外ワンジラ語が話せなかった。タイニーとマギーは共にインヴァウェイ牧場周辺で育った。タイニーはワンジラ人の父をもち、学校教育は受けず、牧場で働いていたこともあったが、基本的にアボリジニの伝統的な暮らしをしてきた。ワンジラ語とアボリジニ英語の他にはジャル語を話し、ある程度グリンジ語の知識もあった。一方、マギーは牧場で働く白人の父とジャル人の母をもち、インヴァウェイで幼少期を過ごし、ワンジラ語やジャル語を習得した。後に混血児のための寄宿学校に入ったため、アボリジニ英語だけでなく、標準オーストラリア英語をも話すようになった。

　筆者は、ワンジラ語話者や彼女らの家族、友人の情報を基に、他の話者を探した。ホールスクリーク以外にワルムン、カナナラ、カルカリンジに行き、以前インヴァウェイ周辺に住み働いていた人々を訪ねた。しかし、実際会って話をすることができた人の中には、タイニーやマギー以上にワンジラ語を

話せ、調査に協力できるほど時間のある人がいなかったため、結局ホールスクリークで集中的に二人から調査するという方針をとった。

3.2.2　実際の調査

　言語の調査をする際、一般的に、言語能力に優れた情報提供者（インフォーマント）を探すことが重要であるが、そのインフォーマントが継続的にある程度の時間を割いてくれることが必要である。もちろん流暢な話者がそこら中にたくさんいる環境では、片っ端から質問したり、彼らの話すことばを録音させてもらったりすることも可能であろう。また、話すことは苦手な人でも、録音したものを書きとったり、翻訳することを手伝ってもらうことも可能であろう。しかし彼らも日々仕事や家事をしなくてはならない。仕事をしていない者でも、筆者が準備を整えて会いに行ったら突然どこかへ出かけていていつ帰ってくるのかわからないということもある。約束はあてにならず、その時になってみないとわからないのだ。その点、筆者のインフォーマントであるタイニーとマギーは高齢であり、あまり活動的ではなかった。筆者が車で迎えに行くと大抵家に居り、通常一日約二時間程度ワンジラ語を教えてもらった。しかし、高齢が故にインフォーマントの二人は体調を崩したり、アボリジニの長老として町のさまざまな会議やイベントに出席しなければならず、しばらく調査ができないこともしばしばあった。

　タイニーとマギーは足が悪く、同じ町に住みながら自由にお互いの家を行き来できなかったため、ほとんど顔を合わせる機会がなかったようだ。そのため、ワンジラ語を話すこともなかった。2009 年に筆者が初めて二人とワンジラ語について話した時は、タイニーはワンジラ語を話そうとするが、すぐにアボリジニ英語になってしまい、マギーに至っては「忘れてしまって自信がない」としきりに言っていた。

　言語調査は普通、基礎語彙表というものを用いて単語を聞くことから始める。筆者の場合は、古い資料から既に基本語彙は大体調べがついていたので、忘れているだろうワンジラ語を思い出してもらう目的で、二人を同時に呼びお互いの記憶を補い合ってもらいながら話を聞くことにした。古い音声テープを聞いてもらい、内容について話をしたり、そのころの思い出話を聞くこ

とから始め、次第に新しい話を録音したり、文法の細かい部分を確認していった。時々、家を飛び出し車で町を離れ、地名を調べたり、ブッシュタッカーと呼ばれる動物や植物など伝統的な食料について質問したり、インフォーマントの友人らと共にブッシュに行き歌を録音したりした。また、インヴァウェイまで旅し、古い言い伝えが残る場所を訪れ、話を聞いたこともあった。

　調査を始めたころは、筆者がタイニーの訛りの強いクリオールを理解できなかったり、筆者の英語がタイニーに通じなかったりしたこともあり、マギーの通訳は非常に助かった。マギーは、タイニーの方がワンジラ語をよく知っていることや、ワンジラ語はワンジラ人の父をもつタイニーの言語であると自覚していたためか、タイニーの意見を聞いてから発言することが多かった。タイニーは比較的言葉は出てくるが、ワンジラ語、ジャル語、グリンジ語などが混ざってしまっていた。グリンジ語を知らないマギーが「それは、私の知らない言葉だからグリンジ語ではないか」と指摘することもあった。時に二人の意見が割れ、ちょっとした議論になることもあった。三か月ほど経ったころから、タイニーとマギーとそれぞれ別々に調査することにした。主にタイニーから話を聞きとり、マギーの家でそれを一緒に聞いて筆者の疑問点などを質問していった。

　その他に、ホールスクリークに住むジャル語話者達からも、ジャル語とワンジラ語の相違点や伝統的な歌、踊り、食事の作り方などを教わった。筆者の協力者はほとんど女性であったため、録音した話やインタビューした内容は、女性の儀式や歌、踊り、女性の牧場での仕事の話が多かった。時々ジャル人男性にもブーメランの作り方、牧場での仕事の話を聞いたが、筆者が女性であるため、男性の秘密の儀式についてはほとんど何も聞くことはできなかった。

3.3　アボリジニの社会生活

　このように、現地調査を通して多くのアボリジニの人々と関わることとなった。しかし、誰それ構わず交流をしていたわけではなく、彼らの社会のルールに従って振る舞うよう教えられながら行動していた。ワンジラだけでなく、オーストラリアのアボリジニ社会で重要なのは、親族関係である。こ

れによって、誰に対してどのように振る舞うのか、誰と結婚できるのか、ま
た、誰が儀式を行なうのか、誰が土地を所有し管理するかといった社会的義
務や責任に関することが決められる。

　ワンジラの親族体系はサブセクション（subsection）と呼ばれる社会的な
グループを基礎に、社会的な人間関係を形成する。それは、日本やその他の
現代社会で見られる親族関係とは全く異なっている。サブセクションは大き
く8グループに分けられ、それぞれ男女別の下位グループが合計16ある。[127]
その下位グループそれぞれに名前が付いており、男性のグループはすべてJ
から始まり、女性グループはNから始まる。[128]サブセクショングループ名は
そのまま個人の呼び名として使われる場合もある。自分がどのグループに入
るかは、母親の属するグループによって決まる。

（図1：ワンジラのサブセクションシステムと結婚のルール）

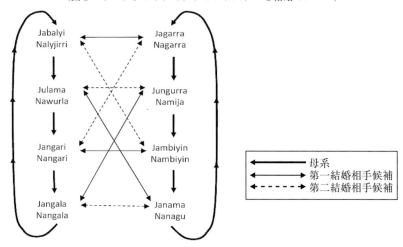

----

[127] サブセクションのシステムは、特にアーネムランド、クイーンズランド北西部、北中央
オーストラリア、東キンバリー地区のアボリジニ社会に見られ、その他の地域では、4グ
ループ制のセクションシステムや2グループ制のモエティー（半族）システムなどがある
（Keen 2004；Berndt & Berndt 1996；McConvell 1985 etc.）。
[128] ここではワンジラ語の名前のみを挙げるが、ジャル語・グリンジ語・ワルピリ語など近
隣言語でも多少の違いはあるが、同様の名前が使われている。また、サブセクションやそ
の名前をそれぞれスキン、スキンネームと呼ぶこともある。

例えば、Nalyjirri の女性の子供は自動的に男なら Julama、女なら Nawurla に属することになる。さらに Nawurla の女性の子供は Jangari・Nangari に属する。Nangari の子供は Jangala・Nangala に属する。Nalyjirri にとって Nangari は孫か祖母に当たる。

また、結婚相手は特定の「理想的な」サブセクションから選ばれる。Nalyjirri の女性にとって、最も理想的な結婚相手は Jagarra の男性である。第二候補は Jambiyin の男性である。かつて、結婚相手は両親や部族の長老によってこれらの候補グループから選ばれていた。仮に、決められた相手との結婚を拒否し、別のグループの相手との結婚を望んだ場合は、処罰を受けることになる。それを避けるため、カップルは駆け落ちしたり、他人から隠れて生活をしたりした。しかし、現在では自分で相手を決めたり、サブセクションの所属をもたない部族や白人と結婚することも珍しくない。その場合、長老が結婚相手のサブセクションに応じて彼らに所属を与える。[129]

婚姻以外でも、外部の者がアボリジニと何らかの関係をもち、彼らの社会に受け入れられたとき、特定のグループへの所属が決められる。筆者の場合は、調査を始めた日に、タイニーとマギーによって、所属は Nangari だと決められた。Nangari はタイニーとマギーのグループである Nawurla の娘に当たるグループである。そのため、彼女達は筆者を「娘」や Nangari と呼び、筆者は逆に「お母さん」と呼んでいた。マギーとタイニーには血縁はないが、サブセクション上は姉妹に当たり、お互いを「シスター（姉・妹）」と呼んでいた。このように、実際には血縁関係でない者も、サブセクションでの分類上、「母」、「父」、「娘」、「息子」、「祖母」、「祖父」、「叔母」、「叔父」、「い

---

[129] 「理想的」ではないカップルは wajiwaji と呼ばれる。彼らの子供は、母親と父親双方のサブセクションを基に二つのグループに属すると考えられることが多い。例えば、血はつながっていなくてもサブセクション上では「姉弟・兄妹」の関係となる Nangari の母親と Jangari の父親から生まれた男子は、母親のグループから受け継いだ Jangala グループと父親とその最も理想的な女性のサブセクション Nambiyin から受け継いだ Janama グループに属するとみなされる。本人も周囲の人間も「二つの所属がある」と認識している。しかし、男子の母親とその家族からは Jangala と呼ばれ、逆に父親とその家族からは Janama と呼ばれる。さらにその男子が結婚した際、妻が Jangala の第一結婚相手候補である Namija である場合は、妻とその家族から Jangala と呼ばれ、反対に妻が Nawurla である場合は、Janama と呼ばれる（McConvell 1982）。

とこ」などといった親族関係に当てはめられる。例えば、筆者 Nangari は30 代であるが、70 を過ぎた Jangala のジャル人のおじいさんから、親しみと冗談の意味を含めて「マミー（お母さん）」と呼ばれていた。しかし、Nangari にとって Jangala は「息子」でもあり、「夫の父」でもあるのだ。実年齢を考えると、後者の方、つまり、義理の父といった方がしっくりくる。

　アボリジニの社会では、自己とそれぞれの親族との関係性によって、どのように振る舞うべきなのかが決まっている。例えば、女性の場合、娘婿（義理の息子）とはお互いに近づくこともなく、目も合わせず、直接話をすることもない。娘婿について話す場合、通常のことばではなく、「敬遠体」[130] という特別なことばを用いる（3.5 を参照）。男性の場合も、義理の母に対して同じように振る舞う。このような極端な敬遠の振る舞いは、主に血縁上の義理の母・息子の関係性において行なわれるが、分類上の関係性でもある程度確認できる。筆者（Nangari）の場合も、周囲から義理の息子に当たる Jungurra の成人男性には近づくなと言われたり、相手から避けられていると感じたりすることがあった。また、女性と義理の父、女性と義理の母、成人した異性の兄妹間などにもある種の敬遠の振る舞いが求められる。[131] 逆に、ジョークを言い合うようなより親しい関係に当たるのは、女性とその娘の子供（祖母と孫）、男性とその姉妹の子供（叔父と甥姪）である。しかし、異性の孫や姪の場合は、成人してしまうとそのような親しい関係ではいられないようだ。このような他人との関係性や行動規範は、実際には言語そのものと共に次第に失われつつある。

---

[130] 角田（2003:243）
[131] 角田（2003:242-243）の説明にあるように、自己とさまざまな親族の親しさや敬遠の度合いは連続体を成している。

3.4　ワンジラ語の親族名称とその言語的特徴

3.4.1　基本的な親族名称と親族系図

　サブセクションと他に、ワンジラ語には複雑な親族関係を表わす名称がある。それらは日本語や英語の親族名称と全く異なる体系をもつ。まず表1にワンジラ語の基本的な親族名称を列挙する。

表1：ワンジラ語の基本的な親族名称[132]

親族名称	日本語訳（略語）
baba-yi	兄（eB）
gawurlu/gabugu	姉（eZ）
ngaja-yi	弟（yB）・妹（yZ）
ngama-yi	母（M）・母の姉妹（MZ）・父の兄弟の妻（FBW）
ngamirni	母の兄弟（MB）・父の姉妹の夫（FZH）
ngabu-yu	父（F）・父の兄弟（FB）・母の姉妹の夫（MZH）
mugul	父の姉妹（FZ）・母の兄弟の妻（MBW）
garndiya ngunang[133]	妻の兄弟（WB）・男性の姉妹の夫（♂ZH）
ngajal	女性の兄弟の妻（♀BW）・夫の姉妹（HZ）
gurriji	夫の母（HM）・夫の母の姉妹（HMZ）・女性の息子の妻（♀SW）
lambarra/lambarr	男性の息子の妻（♂SW）・男性の娘の夫（♂DH）・妻の父（WF）・夫の父（HF）
mali-yi	妻の母（WM）・妻の母の姉妹（WMZ）と兄弟（WMB）・女性の娘の夫（♀DH）・夫の母の兄弟（HMB）
jaja/jaju	母の母（MM）・母の母の兄弟（MMB）と姉妹（MMZ）・女性の娘の子（♀DCh）

[132] 略語に使われている男性♂、女性♀のシンボルは自己の性別を示す。
[133] グリンジ語では、ngunang という名称は、特に成人した人を指す（Meakins et.al. 2013）。ワンジラ語でもその様な区別があると思われる。

親族名称	日本語訳（略語）
jawiji	母の父（MF）・母の父の兄弟(MFB)と姉妹（MFZ）・男性の娘の子（♂DCh）
gilagi	父の父（FF）・父の父の兄弟（FFB）と姉妹（FFZ）・男性の息子の子（♂SCh）
ngawuju	父の母（FM）・父の母の兄弟（FMB）・姉妹（FMZ）・女性の息子の子（♀SCh）［女性の姉妹の夫（♀ZH）・夫の兄弟（HB）］[134]
ngumbarna	妻（W）・妻の姉妹（WZ）・男性の兄弟の妻（♂BW）・夫（H）・夫の兄弟（HB）・女性の姉妹の夫（♀ZH）
munggaj	妻（W）・妻の姉妹（WZ）・男性の兄弟の妻（♂BW）
wigi	男性の子（♂Ch）・男性の兄弟の子（♂BCh）
ngalawiny	男性の子（♂Ch）・男性の兄弟の子（♂BCh）・女性の兄弟の子（♀BCh）
ngala-yi	女性の子（♀Ch）・女性の姉妹の子（♀ZCh）・男性の姉妹の子（♂ZCh）
barn.gu-yu	交差いとこ（FZCh; MBCh）
gumburru	母の母の母（MMM）・女性の娘の娘の子（♀DDCh）

　表中のいくつかの親族名称は、-yi で終わっている。[135] 本文では、(13) のようにこれを派生接尾辞と扱っているが、現代語では接尾辞としての機能や意味が失われ、語根に吸収されつつある。[136] しかし、特別な派生接尾辞（3.4.2 を参照）が後に付く場合 (14) や、その親族名称を呼格語として使う場合 (15) は、この -yi は脱落する。

---

[134] ［　］内の親族は別の名称でも呼ぶことができる。女性の姉妹の夫と夫の兄弟は、サブセクションの制度上、潜在的に自己の「夫」ともなり得るため、ngumbarna「夫」とも呼べる。
[135] 語幹の最後の母音の影響を受け（母音調和）、-yu になる場合もある。
[136] Koch（1996）を参照。

(13) 「私の母はこの果物を圧搾した。」

nganingu-lu	**ngama-yi-lu**	jany	man-i	nyawa
1sg.斜格-能格	母-KIN-能格	圧搾する	得る-過去	この

mangarri
植物性食物.絶対格

(14) 「その子供は母親を追いかけている。」

yamaji-lu	ngu	bila	man-ana	**ngama-nyan**
子供-能格	REAL	追う	得る-現在	母-3KIN.POSS.絶対格

(15) 「お母さん、今度は私。私がその種をすり砕くよ。」

ngama,	ngayu	*nao*	ngu=rna	jama-wu	nyila	wilarr
母.呼格	1sg	今	REAL=1sg.sbj	砕く-未来	その	種.絶対格

　これらの親族名称は、実際に血縁関係がある者だけではなく、サブセクションの繋がりを基に、分類上の血縁関係を当てはめて他人にも使われる。例えば、上で述べたように、同じサブセクショングループ、Nawurla に属するタイニーとマギーは、血縁関係がなくても互いを gawurlu（姉）、ngaja-yi（妹）と呼び合う。

　以下の図2、図3は、それぞれ Janama と Nawurla のサブセクションのグループに属する男女を中心（Ego）にした系図である。親族名称はそれぞれの親族が属するサブセクションのグループ名の下に示している。例えば、Janama を自己とした場合、父親（F）、すなわち ngabu-yu は Jangari のグループに属し、妻（W）、すなわち munggaj、または ngumbarna は Nawurla のグループに属す。

（図 2 ：Janama の家系図）

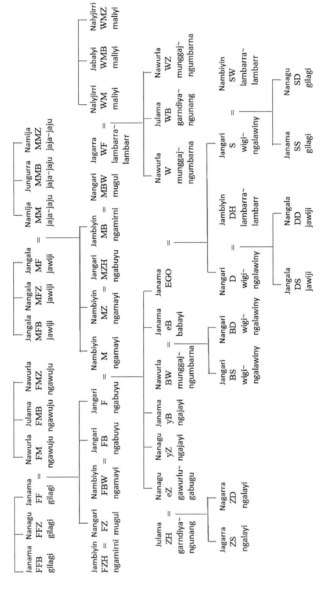

（図3：Nawurla の家系図）

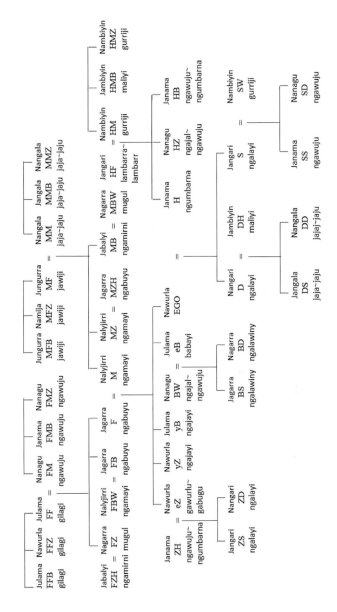

　ここで、親族名称とそれが示す意味体系について説明する。ワンジラ語では、親世代の同性の兄弟・姉妹はすべて同じ名称で言い表わす。例えば、「母」は ngama-yi というが、これは「母の姉・妹」のことも表わす。同様に、「父」と「父の兄・弟」は、ngabu-yu と言い表わすことができる。反対に、「母の兄・弟」、「父の姉・妹」はそれぞれ別の名称 mugul「おば」、ngamirni「おじ」をもつ。つまり、両親の同性の姉妹・兄弟は、自己の実の母・父と同等の存在とされる。そのため、彼らの子供は自己にとって姉妹・兄弟と同等であり、自己の母・父にとっても我が子と同等である。反対に、mugul「おば」と ngamirni「おじ」の子供は、自己の姉妹・兄弟ではなく、barn.gu-yu「（交差）いとこ」として区別される。

　祖父母の世代を見ると、父方の祖父・祖母、母方の祖父・祖母にそれぞれの呼び名がある。親世代と異なり、性別に関わらずそれぞれの兄弟・姉妹も同じ名称である。つまり、父方の祖父、その兄弟・姉妹は、gilagi と呼ばれ、父方の祖母とその兄弟・姉妹は、ngawuju と呼ばれる。そして、母方の祖父とその兄弟・姉妹は jawiji、母方の祖母とその兄弟・姉妹は jaja（またはjaju）と呼ばれる。この四つの名称は、祖父母と孫の間で相互に使われる相称的親族名称（reciprocal kin terms）といわれる。例えば、自己の母方の祖母（とその兄弟・姉妹）のことを jaja（jaju）と呼び、またその祖母（と兄弟・姉妹）も娘の子供である自分のことを jaja（jaju）と呼ぶのだ。

　同様の相称的親族名称は、配偶者を表わす語にも見られる。ngumbarna は男性にとっての妻、女性にとっての夫を表わす。妻を表わす語はもう一つ munggaj が使われる。同性の兄弟、姉妹は同じサブセクショングループに属するため、男性にとって、妻の姉妹も潜在的に配偶者（妻）となり、ngumbarna または munggaj と呼ばれる。同様に、女性にとって夫の兄弟も ngumbarna である。

　婚姻による義理の親子関係を表わす名称も相互的に使われる。ワンジラ語には三つの名称、gurriji・mali-yi・lambarra（または lambarr）がある。gurriji は夫の母と女性の息子の妻を、mali-yi は妻の母親と女性の娘の夫を意味する。同様に、lambarra（または lambarr）は、夫の父親と男性の息子の妻、そして、妻の父親と男性の娘の夫を指し示す。義理の同性の兄弟（ngunang・garndiya）・姉妹（ngajal）も同じように相互に使われる。

　自己の兄弟・姉妹の場合、自己の性別に関わらず、長兄・長姉はそれぞれ別の名称、baba-yi・gawurlu（または gabugu）があるが、その他の兄弟・姉妹は性別関わらず、すべて ngaja-yi と言い表わす。

　自己の子供を表わす親族名称には、まず相互補完的な二つの名称 ngalawiny と ngala-yi がある。前者は男性とその兄弟の子供、そして女性の兄弟の子供を示し、後者は女性とその姉妹の子供、また男性の姉妹の子供を示す。別の名称 wigi は男性とその兄弟の子供だけを示す。これはジャル語からの借用語だと思われるが、ワンジラ語話者も日常的に使用している。

3.4.2　親族名称に付く接尾辞

　ワンジラ語には、親族名称やその他の人間関係を示す名詞 [137] に付加される派生接尾辞がいくつかある。これらは他の名詞には使われない特別なものであり、ワンジラ人にとって重要な親族関係を表わしたり、親族を描写したりする語を派生させる。ここでは、三種類の接尾辞を紹介する。

3.4.2.1　親族関係者を示す -nga と -nyan
　親族名称には、2人称、3人称の近親者を示す接尾辞が付くことがある。例えば、ngama-yi「母」に2人称形の -nga が付加される場合、ngama-nga「あなたの母」となり、3人称形の場合、ngama-nyan「彼／彼女の母」となる。派生接尾辞が付けられる時は、-yi が脱落し語尾に格標識が付く。

(15)　「あなたのお母さんはどこ？」

wanyjirra=gu	**ngama-nga**
どこ=2sg.obj	母-2KIN.POSS.絶対格

(16)　「彼／彼女／彼らの父親は住まいを掃除している。」

ngabu-nyan-du	ngu	barnany-barnany	man-ana	ngurra
父-3KIN.POSS-能格	REAL	RDP-掃除する	する-現在	土地.絶対格

---

[137] 例えば、jaliji（友人）などの名詞がある。

これらの接尾辞は数に関して中立的であるため、特に親族関係者が二人以上の場合は、独立代名詞や付属代名詞で明確にする。

(17) 「ジルブガリはあなた達二人、Jabalyi 男性の祖母だ。」

Jirrbngarri   **ngu=ngguwula**   **ngawuju-nga**
Jirrbngarri.絶対格   REAL=2du.obj   父方の祖母-2KIN.POSS
nyunbulanginy   Jabalyi-wu
2du.斜格   男性サブセクション-与格

(18) 「子供達は彼らの母親を追いかけた。」

yamayama-lu   ngu=**lu**   bila   man-ana   **ngama-nyan**
子供達-能格   REAL=3pl.sbj   追う   得る-現在   母-3KIN.POSS.絶対格

しかし、これらの接尾辞は包括的には使われておらず、一般的には代名詞のみが使われる。例えば、(19)(20) はそれぞれ上の (15)(16) と対応しているが、親族関係者は所有を表わす付属代名詞または独立代名詞のみによって示されている。(17) のように、独立代名詞・付属代名詞・接尾辞の三つが現われる例はまれである。

(19) 「あなたのお母さんはどこ？」

wanyjirra=**gu**   ngama-yi
どこ=2sg.obj   母-KIN.絶対格

(20) 「彼／彼女／彼らの父親は（そこを）掃除した。」

nyanunginy-ju   ngabu-yu-lu   ngu   ngarnany-ngarnany   man-i
3斜格-能格   父-KIN-能格   REAL   RDP-掃除する   する-過去

3.4.2.2　二者の関係を示す -lang

この接尾辞はある二人の関係性を示す。表わされる関係には二つのタイプがある。一つ目は、その二者が互いに同じ親族名称で呼び合える相称的な関係であるタイプ（'symmetric/reciprocal'）である。二つ目は、二者が互いに

同じ親族名称ではなく、別の名称で呼び合う非相称的な関係であるタイプである（'asymmetric/reciprocal'）。[138]

　相称的な親族のペアは、例えば、女性とその娘孫はお互いにとって jaja であるので、この二者を jaja-lang「おばあさんとその娘側の孫」と言い表わす。また、お互いに交差いとこである二者は、barn.gu-lang「交差いとこ同士」と言い表わすことができる。

　非相称的な親族のペアの場合、例えば、姉 gawurlu と妹 ngaja-yi の二人は、gawurlu-lang「姉妹」と呼ばれ、ペアの中で年長者の親族名称に接辞が付く。しかし、異性の姉弟の場合、年上ではなく男性の親族名称が使われる。つまり、姉弟の二人は、ngaja-lang「姉弟」となり、gawurlu-lang ではない。

(21)　「私達は姉妹だ。」
　　　nga=li　　　　　gawurlu-lang
　　　REAL=1du.inc.sbj　姉-DYAD

　以下に他の例を挙げる。

（表2：親族ペアを表わす語の例）

	ペアとなる親族	ペアを表わす語	意味
相称的関係	FF&♂SCh	gilagi-lang	祖父と息子側の孫
	FM&♀SCh	ngawuju-lang	祖母と息子側の孫
	MF&♂DCh	jawiji-lang	祖父と娘側の孫
	♀DH&WM	mali-lang	義理の息子と義理の母
	H&W	ngumbarna-lang	夫婦
	friend	jaliji-lang	友人同士

[138] 同様の接辞は多くのアボリジニ言語で見つかっている。詳しい研究は Evans（2003）を参照するとよい。

	ペアとなる親族	ペアを表わす語	意味
非相称的関係	F&♂Ch	ngabu-lang	父子
	M&♀Ch	ngama-lang	母子
	MB&♂ZCh	ngamirni-lang	おじと甥・姪
	FZ&♀BCh	mugul-gu-lang[139]	おばと甥・姪
	eB&yB, eB&yZ	baba-lang	兄弟、兄妹

3.4.2.3　亡くなった**親族を示す** -jayi／-yayi

　この接尾辞は亡くなった親族を表わす。例えば、ngabu-yayi と言えば、「亡くなった父」、「亡き父」という意味である。[140] -jayi は子音の後に、-yayi は母音の後に現われる。

(22)　「これは彼／彼女の亡くなった配偶者のものだ。」

　　　nyawa　　ngu　　ngumbarna-nyan-**jayi**-wu

　　　これ　　　REAL　　配偶者-3KIN.POSS-故人-与格

3.4.3　三者関係を示す親族名称

　ワンジラ語には、3.4.1 の基本的な親族名称の他に特別な名称がある。ここでは、それらを「三者関係の親族名称」と呼ぶ。[141] 表 1 の基本の親族名称は、

---

[139] 語幹が /l/ で終わる場合、同じ音 /l/ の連続を避けるため、繋ぎに -gu が挿入される。

[140] アボリジニの社会では、人が亡くなるとその人物の名前はタブーとされ、ある程度の期間、親族や周囲の人間がそれを口に出すことは許されない。そのため、亡くなった人と同じ名前または、似た発音の名前を持つ人の名前もタブーとなる。ワンジラやジャルの社会でそのような人は、タブーとなった名前の代わりに、yini-mulung や gulum などと呼ばれる。yini-mulung (name-without) は直訳すると「名無し」である。gulum はグリンジ語で同じ用途で使われている kulum-murlung(call him-without)が縮まったものだと考えられる。元々、kulum (gulum) は英語の 'call him' が起源と考えられる (Meakins et al., 2013:173)。

[141] ワンジラ語だけでなく、多くのアボリジニの言語に同様の親族名称がある。普通、'triangular kin terms' (Evans 2003:33-35)、'tri-relational kin terms' (Garde 2013:96)、'triadic kin terms' (Laughren 1982:73) や 'shared kin terms' (McConvell 1982:99) などと呼ばれている。

例えば「XはYの母親」といった、対象となる人物（X）と起点となる人物（Y）の二者間の関係を示している。しかし、三者関係の親族名称は、XとYだけでなく、話し手のZとX・Yとの親族関係をも表わすことばである。

　ワンジラ語の例 liwa を挙げる。この言葉は大まかに「配偶者」と訳せる。基本の親族名称である ngumbarna も「配偶者」を意味するが、これは、話し手（Z）が誰であれ、誰か（Y）の配偶者を示す際に使われる。しかし、liwa を使う際、話し手（Z）は女性で、YはZにとって息子または娘であり、XはZにとって息子または娘の配偶者（義理の娘または息子）となる。つまり、「XはZ（私）のY（子）の配偶者」という三者間の関係を表わす。これらの対象者（X）、起点となる人物（Y）と話者（Z）の関係は以下の図で表わすことができる。

（図4：liwa が示す三者の親族関係）

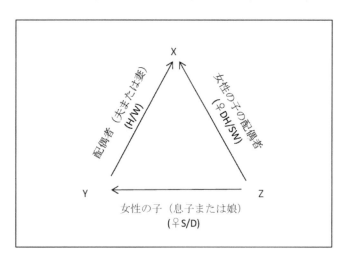

　ワンジラ語では以下の六種類の三者関係親族名称が確認できたが、隣のグリンジ語はより多くの名称が記述されており、さまざまな三者の親族関係を表わしている。[142]

---

[142] McConvell（1982:101）

（表3：ワンジラ語の三者関係の親族名称）

親族名称 X	日本語訳	Z にとっての Y	Y にとっての X	Z にとっての X
liwa	配偶者	♀Ch	H/W	♀SW/♀DH
wurdurdu	配偶者	♀DCh	H/W	♀DDH/♀DSW
		MM		MMH (MF)
wururru	父	♀DCh	F	♀DH
jalu	父	♂DCh	F	♂DH
marnaru	父	♀SCh	F	♀S
narrumba	兄弟・姉妹	FM	B/Z	FMB/FMZ

　この三者関係の親族名称が使われる際、対象の起点となる人物（Y）は、聞き手であることが多い。そのため、これらの親族名称は単純に「あなたの X」と訳されることが多い。その場合、任意で 2 人称親族関係詞（3.4.2.1）が接尾辞として付加される。下の例（23）（24）では、話し手（Nawurla）が娘側の孫（Nangala）に父親（Jambiyin）のことを尋ねている。wururru は「あなたの父親」と訳せるが、厳密にいうと、「私の義理の息子でありあなたの父親」である。

(23)　「私の義理の息子であるあなたのお父さんはあなたに食料を運んできたかい。」

walima=nggu　　**wururru**-lu　　ga-nya　　mangarri

疑問=2sg.obj　　'father'-能格　　運ぶ-過去　　植物性食物.絶対格

(24)　「私の義理の息子であるあなたのお父さんはあなたに食料を運んできたかい。」

walima=nggu　　**wururru-ngu**-lu　　ga-nya　　mangarri

疑問=2sg.obj　　'father'-2KIN.POSS-能格　　運ぶ-過去　　植物性食物.絶対格

　対象の起点となる人物 Y が聞き手ではなく 3 人称である場合には、 3 人称親族関係詞 -nyan「彼／彼女の」が付加される。（25）では、Janama の男性が自分の娘の子供（Jangala/Nangala）の父親（Jambiyin）について第三者

に話している。jalu-nyan は「私の義理の息子であり彼／彼女（つまり娘側の孫）の父親」を意味する。

(25)　「私の義理の息子である彼／彼女（私の娘側の孫）の父親は、彼／彼女を狩りに連れて行った。」

jalu-nyan-du	ngu	ga-nya	wilinyi-wu
'father'-3KIN.POSS-能格	REAL	運ぶ-過去	狩りをする-与格

3.5　敬遠体－特別なスタイル－

　親族関係による行動規範は言語にも反映されている。ワンジラ語では、話者の mali-yi、特に男性の妻の母親、女性の娘の夫について語る際は、日常に使われる「日常体」の代わりに「敬遠体」と呼ばれる特別な会話体が使われる。[143] この敬遠体は日常体以上に衰退が進み、わずかにお年寄りが断片的に記憶しているだけである。McConvell（1982:94）によると、隣のグリンジ語コミュニティーでは、1980 年代前半の時点で、敬遠体のことばは時折使われるのみで、大抵は日常体のことばに置き換えられてしまっていたようだ。[144] 筆者が調査した際は、古い資料を頼りにインフォーマントに思い出してもらいながら話を聞いた。

　ワンジラ語の敬遠体は、日常体に非常に似ているが、少なくとも語彙や文法の面での相違点がいくつかある。[145] グリンジ語では、音声的な違いも見られるという。敬遠体を話している時は、声量を落としてささやいたり、キー

---

[143] 多くのアボリジニ言語にこのような特別なことばがある。Dixon（1980:58-59）は、一般的に 'avoidance speech style'、Senge（2016:37-43）は、'respect speech' と呼んでいる。言語によっては、それらのことばを指す特定の名前を持っており、ジルバル語・イディン語・ワロゴ語ではジャルゴン（Jalnguny）、グリンジ語ではピンティカ（pirnti-ka）と呼ばれている（Dixon 1980; 1990；Tsunoda 2011；McConvell 1982）。

[144] その他のアボリジニ言語でも同じような現象が見られる（Dixon 1990:1；Schmidt 1990:98；Tsunoda 2005:98；Tsunoda 2011:34）。

[145] ジャル語の敬遠体については、Tsunoda（1981:215-220）、角田（2003:243-244）を参照してほしい。

キー声を使ったりする。[146] ワンジラ語のインフォーマントはこの点に言及しなかったが、筆者が彼女達から例文を録音した際は、明らかに日常体を話す時とは異なるヒソヒソ声で話していた。

　敬遠体の特徴は以下の三点である。
(a) 日常体で使われているいくつかの名詞が別の語彙に置き換えられる。
(b) 動詞は常に同じ形 luwarn- が使われる。語彙的意味は曖昧である。
(c) mali-yi を指す代名詞は常に複数形が用いられる。

　それぞれの特徴を説明する前に、一つ例を挙げる。(26) は敬遠体、(27) は日常体の文である。どちらも命令文であるが、(26) は女性が自分の義理の息子、または男性が義理の母に言及する場合に用いる。例えば、女性が遊びに来ていた娘に対し、娘婿のために野菜を持って帰るように言うという状況である。(27) はそれ以外の場合、例えば、女性が娘に対し、子供のために野菜を持って帰るように言う際に用いられる。

(26) 「この食べ物を私の義理の息子に持って行きなさい。」
　　 luwa=yanu　　　　**mayingany**　　　mali-yi-wu
　　 RS.命令=3.obj　　　　RS.植物性食物.絶対格　女性の娘婿-KIN-与格

(27) 「この食べ物を（あなたの）子供に持って行きなさい。」
　　 gang-ga=la　　　　mangarri　　　　yamaji-wu
　　 運ぶ-命令=3sg.与格　植物性食物.絶対格　子供-与格

　まず、敬遠体 (26) の文で、食べ物を表わす名詞 mayingany は敬遠体だけで使われる特別な名詞であり、日常体 (27) では mangarri を使用する。次に、動詞 luwarn- は具体的な動作を表わさず、状況や文脈がわからなければ明確な意味がつかめない。ここでは、対応する日常体 (27) の gang-「運ぶ、持って行く」と解釈できる。そして、3 人称の付属代名詞 =yanu が娘の夫を指

---

[146] McConvell（1982:97）

しているのだが、夫が一人であるにもかかわらず、単数形 =la ではなく複数形が用いられる。

3.5.1　名詞

　敬遠体では、ほぼすべての名詞は日常体のそれと変わらないが、いくつかの名詞は別の形に置き換えられる。ワンジラ語では、そのような特殊な名詞が少なくとも五つある。表4は、ワンジラ語の敬遠体で使われる五つの名詞と対応する日常体の名詞を示している。

表4：敬遠体と日常体の名詞

意味	敬遠体	日常体
食用肉	niyan	ngarin
植物性の食べ物	mayingany	mangarri
水	ngugu	ngawa
土地	munuwu	ngurra
煙草	warlayarra	ngunju

　特筆すべきことは、これらのほとんどの敬遠体の名詞が、音韻や意味の面でわずかな違いはあるが、近隣言語（グリンジ語、マルギン語、ビリナラ語）の日常体からの借用語であるということだ。[147] 例えば、niyan「食用肉（meat）」は、グリンジ語とマルギン語の日常体で、「肉、身（flesh）」という意味で使われている。

　筆者が採取できたのは上記の五つの名詞であったが、元々敬遠体で使われていた名詞が他にもあった可能性はある。[148] 生き残ったこれらの名詞も、しばしば日常体の名詞に置き換えられる。下の例 (28) は上の (26) と同様の敬遠体の文であるが、敬遠体の名詞 mayingany ではなく、日常体の mangarri

---

[147] このような借用はジルバル語やイディン語でも報告されている（Dixon 1990）。グリンジ語の敬遠体名詞も主にビリナラ語からの借用である（McConvell 私信）。
[148] McConvell（1982）もグリンジ語に関して同じような見解を示している。

が使われている。一方、動詞は両文とも敬遠体の動詞 luwarn- が用いられている。

(28) 「その食べ物を私の義理の息子に持って行きなさい。」
　　　luwa=lu=yanu　　　　mangarri　　　　mali-yi-wu
　　　RS.命令=pl.sbj=3.obj　植物性食物.絶対格　女性の娘婿-KIN-与格

3.5.2　動詞 luwarn-

　ワンジラ語には、約 38 の屈折動詞があるが、敬遠体では自動・他動関係なく、それらがすべて luwarn- に置き換えられる。実は、この動詞の語幹は日常体の動詞 luwarn- と同じである。しかし、日常体では「撃つ・なぐる」という意味で用いられるため、同音異語として区別される。敬遠体で使われる場合、語幹の意味はあいまいで不透明になる。そのため、敬遠体の文は文脈なしでは意味がはっきりしない。ジャル語にも同じ敬遠体動詞があり、角田（2003）はこれを日本語の尊敬語「なさる」と訳している。それを用いて下の（29）を直訳すると、「私の mali-yi がカナナラになさる」となり、（30）は「これを私のために mali-yi になさりなさい」となる。実際には会話の状況から「私の mali-yi はカナナラに行く」、「これを私のために mali-yi に渡しなさい」と解釈できる。

(29) 「（私の）義理の息子がカナナラに行く。」
　　　mali-yi　　　　　ngu=lu　　　**luwarn-ana**　　*Kununurra-lawu*
　　　女性の娘婿-KIN.絶対格　REAL=3.sbj　RS-現在　　　Kununurra-向格

(30) 「これを私のために（私の）義理の息子にあげて。」
　　　nyawa　　**luwa**=yi=yanu　　　mali-yi-wu
　　　これ　　　RS.命令=1sg.obj=3.obj　女性の娘婿-KIN-与格

　複合動詞の場合、日常体で使われる非屈折動詞が敬遠体動詞 luwarn- と組み合わせて使われる。そのため、述部の意味は非屈折動詞によってある程度

理解できる。（31）はジャル語の例である。[149]

（31）　「私の義理の息子／母は走った。」

mali-yi　　　　　　　　　　　　　　　nga=lu　　　burja　　luwarn-i

女性の娘婿/男性の妻の母-KIN.絶対格　　　REAL=3.sbj　走る　　RS-過去

　ワンジラ語ではこのような例を採集できなかったが、周辺言語の例から同様の特徴があると考えられる。

3.5.3　付属代名詞

　敬遠体では、敬遠の対象となる mali-yi は一人であっても必ず複数形の付属代名詞を使う。

（32）　（複数の人に対し：）「義理の息子に水をあげて。」

luwa=lu=**yanu**　　　ngugu　　　　mali-yi-wu

RS.命令=pl.sbj=3.obj　RS.water.絶対格　女性の娘婿-KIN-与格

　普通 malyi-yi 同士は、直接言葉を交わすことができない。そのため、話者が自分の mali-yi について語る場合は当然３人称の代名詞を使うことになる。ここに挙げた例でもそうである。しかし、血縁関係がなく分類的 mali-yi に当たる関係では、２人称複数形の代名詞を使って直接言葉を交わすことができるようだ。[150]

---

[149] Tsunoda（1981:216）例文（464）。筆者が日本語訳と行間注解に加筆修正を行なった。

[150] ジャル語やグリンジ語ではその様な例が見られる。ワンジラ語のデータからは見つかっていないが、同じ可能性があるだろうと思われる。

3.6 消えゆく言語、生まれる言語

　本節では、ワンジラ語話者の実際の発話と混成語の特徴を述べたい。ワンジラ語話者の発話には頻繁なコードスイッチや借用が見られ、ワンジラ語だけの会話や物語はほとんど存在しない。これは、ワンジラ語の話者が少なくなり、話者も年をとって母語を忘れ、話す機会が激減した結果であると考えられる。その一方で、コードスイッチなどから発展し、地元の伝統言語とクリオール語が混ざり合ったことばが若い世代を中心に普及し、今では全世代によって話されている。このようなことばは「混成語」と呼ばれ、若年層に第一言語として習得されている。ワンジラ語のコードスイッチを含む発話には、この「混成語」と似た特徴が多く見られる。

3.6.1 言語衰退と現代のワンジラ語話者の発話

　筆者が 2009 年に調査を始めた際、インフォーマントの二人はすでにワンジラ語だけで会話を継続させることはできなくなっていた。彼女らの第一使用言語はクリオール語やアボリジニ英語であり、日常的にそれらを用いて家族や隣人とコミュニケーションをとっていた。二人が調査以外の場でワンジラ語を話している機会はほとんどなかった。むしろ、彼女らが住むホールスクリークはジャル人が多く住む町であるため、ジャル人達との交流でジャル語を聞いたり話したりする機会の方が多かった。

　このような状況下で筆者が聞き取ったインフォーマントのことばは、他言語の影響を多大に受けていた。我々日本人の会話にも多くの外来語が用いられているように、彼女らの発話には、クリオール語からの借用語としてワンジラ語に定着しているもの [151] の他に、コードスイッチにより複数の言語の要素が混ざり合っていた。以下の例を見てほしい。

---

[151] 本稿では、「借用」された要素とは：(1) 異なる話者の間で頻繁に使われるもの；(2) ワンジラ語の屈折動詞が使われている節に規則的に現われるもの；(3) 前後に言いよどみや躊躇などを伴わず、ワンジラ語の文や節内に韻律的にも統合されているものとする。しかし、実際の発話にはコードスイッチ、特に文・節内部に現われるコードスイッチと明確に区別できない例も多くある。

(33)　「それはあの人達のものだ、あのおばあさん達、おばあさん達のだ。」
　　　yalu-wu　　*na*　　gajirri-walija-wu　　gajirri-wu
　　　あの-与格　　今　　年配女性-PAUC-与格　　年配女性-与格

　　　「ええ、彼女らはすでに亡くなっているよ。」
　　　wal,　they　bin　finish　na
　　　ええ　3pl　過去　死ぬ　今

　　　「彼女らはすでに亡くなっているよ。」
　　　ngu=lu　　　gun.galgal　　　*nao*
　　　REAL=3pl.sbj　死ぬ　　　　　今

　文例 (33) では、第2文目でワンジラ語からクリオール語に転換し、第3
文目でまたワンジラ語に戻っている。このような文や節単位での転換は同じ
談話の中で繰り返し起こる。さらには、ワンジラ語よりクリオール語の範囲
が長くなったり、ワンジラ語からクレオール語に切り替わったまま談話が終
了することも多い。また、(33) のすべての文にはクリオール語からの借用
語 *na, nao* が使用されている。[152]
　コードスイッチは文や節内部でも起こる。その場合、ワンジラ語かクリオー
ル語いずれかの言語が基盤となり、多くの単語や文法構造の供給元となる。
そこに、もう一方の言語の単語や句が挿入される。(34) は、クリオール語
が基盤となる節の中にワンジラ語の名詞句 nyila jaru-gari が挿入されてい
る。反対に (35) は、ワンジラ語の屈折動詞と付属代名詞をもつ節に、クリオー
ル語の名詞（句）*yangfala* と前置詞句 *langa Inverway* が、それぞれ節の主語
と場所を表わす付属語句として使われている。

---

[152] これらは、談話の焦点や強調、そして時の経過（'now', 'then'）などを表わす小辞で、
北オーストラリア、北西オーストラリアのアボリジニ言語に非常によく見られる借用の例
である（Graber 1987；Hudson 1983）。二つの形 *na, nao* に意味や機能の違いはない。

(34) 「そして私達は他のことばを学んだ。」

an	*wi*	*pikimap*	**nyila**	*jaru-gari*	*na*
そして	1pl	獲得する	その	言語-他の	今

(35) 「私は若いころインヴァウェイに住んだ。」

ngu=rna	*yangfala*	garri-nya	*langa*	*Inverway*
REAL=1sg.sbj	若者.絶対格	在る-過去	で/に	Inverway

　正確な統計はないが、調査による録音など心理的なプレッシャーがない場合は特に(34)のようなクリオール語を基盤とするコードスイッチ文の現われる頻度が非常に高い。

　さらに、ワンジラ語の節に挿入されたクリオール語の名詞は、名詞句の構成要素の一つとしてワンジラ語の格接尾辞や派生接尾辞をとる。[153] その場合もワンジラ語の名詞群と同様の形態規則に従って接尾辞の形が決まる。以下の(36)では、両唇音・軟口蓋音の後に付く能格接辞の異形態 -gulu がクリオール語の *mam* 'mum（母）' の後にも現われている。また同様に、歯茎音 n, d の後に現われる別の能格接辞の異形態 -du が、クレオール語の所有代名詞 *main* 'my（私の）' の後に付く。

(36) 「そしてまた私の母や祖父母が私達を狩りに連れて行った。」

an	ngandiba	ngu=nganimba-gu=lu	gang-an-i	***mam*-gulu,...**
そして	1pl.exc	REAL=1pl.exc.obj-LINK=3pl.sbj	運ぶ-継続-過去	母-能格

jaja-nggu	jawiji-lu	***main*-du**	wilinyi	***keken***
母の母-能格	母の父-能格	私の-能格	狩りをする	もう一度

　さらに、(37)ではクリオール語の動詞 *jeijim* 'chase（追う）' がワンジラ語の屈折動詞 man- 'get, do（得る・する）' と組み合わさり、複合動詞 *jeijim* man- 'chase（追う）' を構成している。本来ワンジラ語には複合動詞 bila

---

[153] 反対に、クレオール語の派生接辞や屈折接辞はワンジラ語の語彙に付加されることはない。

man-‘chase（追う）’があるが、クリオール語の動詞がワンジラ語の非屈折動詞のような役割を果たしてさまざまな複合動詞を形成する。クリオール語の動詞が使われることがより頻繁になり、コードスイッチと言うよりワンジラ語文法に統合された借用とみなすことができる。

(37) 「私を追って来たのは一人の白人男だった。白人男。」

yangi-nggu	gardiya-lu	*na*	ngu=yi	***jeijim***	man-an-i
一人-能格	白人-能格	今	REAL=1sg.obj	追う	得る-継続-過去
gardiya-lu	yangi-nggu				
白人-能格	一人-能格				

　コードスイッチや借用は先行研究の資料でも観察でき、他のアボリジニ言語話者の中でも広く見られる現象である。McConvell（1985; 1988）は1970年代中頃にカルカリンジ周辺で、中年、老年層のグリンジ語話者の談話を記録した。彼によると、グリンジ語とクリオール語、ワンジラ語やマルギン語の間で起こるコードスイッチは、至って普通のコミュニケーションのスタイルであり、多くの場合、話題や話し手と聞き手、または話の登場人物との関係などの社会的な要因によって引き起こされる。しかし、筆者が観察したワンジラ語話者によるコードスイッチの主な要因は、ワンジラ語の衰退や話者によるワンジラ語の喪失が進んだ結果だと考えられる。発話の中でどの言語の形が使われるかは、話者の記憶上の言語のレパートリーの中から最も言い易い形が選択されているようである。話者の最も言い易い形は随時変わり、同じ意味でもその時々で別言語の要素が使用される。例えば(38a)では、グリンジ語の従属節マーカー nyamu が、ワンジラ語のマーカー guya の代わりに使用されているが、同じ物語の後半(38b)ではワンジラ語の guya が使用されている。この音声資料の書き起こしおよび翻訳を行なう際、例文(38a)を聞いたインフォーマントはこれがグリンジ語であるということを認め、またワンジラ語では本来 guya であると訂正した。このようなワンジラ語とグリンジ語の語彙的相違は、インフォーマントがこれらの言語は独立した別々の言語であることを裏付けるための指標として認められる要素の一つであったが、実際の発話ではワンジラ語の文に無意識的に使われている。

(38a)「私達がここにもどって来たら、白人の所（牧場）で働くつもりだ。」

nyawa=ma	**nyamu**=rnalu	ward=ma	yan-gu
ここ=DIS	SUB=1pl.exc.sbj	戻る=DIS	来る-未来
warug	ngu=rnalu	marn-ana	gardiya-la
働く	REAL=1pl.exc.sbj	する-現在	白人-処格

(38b)「私達がビナニ（インヴァウェイ）にもどる旅の間、二度キャンプして泊った。」

ngu=rnalu	garri-nya	gujarra-wurd	dirrib	dumal-la=ma
REAL=1pl.exc.sbj	在る-過去	二-回	野営する	中間-処格=DIS
guya=rnalu	ward	*na*	yan-i	Binanyi-lawu=ma
SUB=1pl.exc.sbj	戻る	今	行く-過去	Binanyi-向格=DIS

　また、個人の発話の中だけでなく、異なる話者間だけにも多くの語彙のヴァリエーションが観察できる。話者間のヴァリエーションは、主に話者がワンジラ語と他言語の区別に関して異なる見解を持っていたり、それらの言語の精通度とワンジラ語の流暢度の違いによると考えられる。[154]

　筆者の調査の焦点はワンジラ語であったため、ワンジラ語を話さない若年層の発話のデータ収集は行なわなかったが、筆者が知る限り、インフォーマントの家族はアボリジニ英語の中にワンジラ語やジャル語などの伝統言語の語彙を時々挿入していた。話し手の言語の精通度にもよるが、筆者がそのような状況に居合わせる場合は、大抵一族の最長老であるインフォーマントが聞き手の一人であった。そのため、このような伝統言語の使用はインフォーマントとの繋がりや、わずかであっても祖先の言語・文化を引き継いでいるというアピールにもなっていると考えられる。

3.6.2　混成語

　混成語（mixed language）は二つの言語が融合して生まれた独立言語であ

---

[154] これも消滅の危機に瀕した言語によく見られる特徴である（Tsunoda 2005:238）。

る。ピジン・クレオール155やコードスイッチと同様に、混成語は普通、言語接触という環境の中で生じるとされているが、それらはいくつかの面で区別されている。156

　まず、ピジンやクレオールは普通、語彙のルーツである一言語が識別可能であるが、その他にもさまざまな言語が混じりあって構成されている。一方、典型的な混成語は二言語使用の社会でそれらの言語を基にして発展した言語であり、語彙や文法のルーツが明確である。また、前者は多言語社会において互いの意思疎通を目的として生まれたのに対し157、後者はすでに共通語が存在している社会で、別の新しいアイデンティティーを表現する目的で使用され発展した。さらに、混成語はピジン・クレオールとは異なり、必ずしも地元社会内で主要な言語として機能しているわけではなく、混成語の基となっている言語の方がより多くの人に流暢に話されている場合もある。

　次に、混成語とコードスイッチの違いは主に以下の三点である。第一に、混成言語は話者間で語彙や構造の使用に高い一貫性が見られるが、コードスイッチではそうではない。第二に、混成語ではルーツとなる言語とは異なる独自の文法規則や機能が生まれる場合があるが、コードスイッチはいずれかの基盤言語の規則を共有している。第三に、混成語は子供に習得され彼らの第一言語となり得る。

　現在まで、混成語として報告されている言語にはオーストラリアのグリンジ・クリオール（Gurindji Kriol）、ライト・ワルピリ（Light Warlpiri）、モダン・ティウィ（Modern Tiwi）158やスリランカのスリランカ・マレー（Sri

---

155 ここでは一般的なCreole（クレオール）を指し、北オーストラリアで話されているクレオールの固有名称Kriol（「クリオール語」）とは区別する。
156 混成語を扱うさまざまな文献で、混成語の定義、クレオールやコードスイッチとの相違について論じられている。ここでは、主にMcConvell & Meakins（2005）、Meakins（2008; 2011; 2013; 2015）、Velupillai（2015:69-70）を参照している。
157 ピジンは交易やプランテーションなどの限られた場での共通語として使われ、比較的簡素な文法と限られた語彙のみしかない。そこから語彙が増え、より複雑な文法構造が発展し、話者の第一言語として普及したものがクレオールである。
158 ライト・ワルピリとモダン・ティウィは、それぞれ伝統言語であるワルピリ語、ティウィ語と（アボリジニ）英語を基にした混成語で、前者は中央オーストラリアのラジャマヌ、後者は北部準州のダーウィン沖のメルヴィル島とバサースト島で話されている

Lanka Malay)、カナダのミシフ（Michif）、エクアドルのメディア・レング
ア（Media Lengua）などがある。以下、主にグリンジ・クリオールを紹介
する。[159]

　グリンジ・クリオール語はグリンジ語とクリオール語が融合した混成語で
ある。グリンジ語と同じく、ワンジラ語が元々話されていたインヴァウェイ
牧場周辺から東に約100kmのところに位置するカルカリンジとダグラグ周
辺で話されている。地元の伝統言語であるグリンジ語は、若い世代に受け継
がれておらず消滅の危機に瀕しているが、ワンジラ語とは異なり、まだ60
人前後の話者が残っている。[160] 現在すべての年代のグリンジ人はグリンジ・
クリオールを話し、35歳以下の若年層では第一言語として習得されてい
る。[161]

　元々多くのグリンジ人はウェイヴヒル牧場（アボリジニ名：Jinbarrak）で
働いていたが、1960年代後半からグリンジ人の集団が牧場での劣悪な労働
環境に抗議するためにストライキを起こした。[162] グリンジ人は、対外的にク
リオールやアボリジニ英語を使い自らの権利を主張すると同時に、グリンジ
人としてのアイデンティティーを表わすグリンジ語を使用する中で、日常的
に両言語のコードスイッチが起こっていた。グリンジ・クリオールはこの政
治的、社会的な背景とコードスイッチの慣習化により生まれた。[163] グリンジ・
クリオールを第一言語として話している現在30代のグリンジ人は、1980年
前後このコードスイッチに日常的に触れ習得していったのだ。Meakins
（2008）によると、現在では周辺のコミュニティーに住むビリナラ人やンガ
リンマン人にもグリンジ・クリオールが普及してきているようだ。

（McConvell 2002; 2007；O'Shannessy 2005）。
[159] その他の混成語については Meakins（2013）、Velupillai（2015）などを参照にして欲しい。
[160] 2002年の統計（Lee & Dickson 2002）なので、現在の話者はさらに少なくなっているだ
ろう。
[161] Meakins（2008; 2011）
[162] 参加者は抗議のためウェイヴヒル牧場からダグラグまでを歩いた。この出来事は Wave
Hill Walk-off と呼ばれており、インヴァウェイで働いていた一部のワンジラ人も加わった
とされる（Buchanan 2002）。その後、祖先の土地の返還を求めて、最終的に1986年にオ
ーストラリア連邦政府からグリンジの土地の自由保有権を認められた。
[163] McConvell & Meakins（2005）；Meakins（2008; 2013）

　グリンジ・クリオールの語彙は、グリンジ語、クリオール語双方からの要素が入り混じっているが、文法面では起源となる言語が大まかに分かれる。SVO 語順、動詞句体系、特に基本的な動詞（'go'・'sit'・'be' など）、時制・法の助動詞体系、他動性や相を表わす派生形態素などはクリオール語から供給される。一方、人称代名詞、格や派生形態素などの名詞句体系はグリンジ語を起源とする。以下にグリンジ・クリオール語の例を挙げる。[164]

(39)　「その犬は瓶の中（の蛙）を探した。」
dat　walaku-ngku　*i=m*　　　　warlakap　　nyila-ngka　　*botul*-ta.
その　　犬-能格　　　3sg.sbj=非未来　見まわす　　その-処格　　　瓶-処格
The dog searched (for the frog) in that bottle.

　「それから少年は窓の外へ出て蛙を大声で呼んだ。犬は瓶を頭に乗せてそこにいた。」
abta-ma　*i=m*　　　　gon　autsaid　windou-nginyi　jing-in-at
後-DIS　　3sg.sbj=非未来　行く　外　　窓-奪格　　　　呼ぶ-継続-out
bo　*dat*　ngakparn,　warlaku　*jeya*　*botul*-jawung　ngarlaka-ngka.
に対して その　蛙　　　　犬　　　そこ　瓶-所有　　　　頭-処格
After that, he (the boy) went outside of the window calling for the frog.
The dog is there with a bottle on its head.

　「それでおしまい。犬は窓から下に落ち、少年はその犬が落ちるのを見ていた。」
binij　*i*　*bin*　*baldan*　warlaku　*baldan*　kanyjurra-k
終わり　3sg.sbj　非未来　落ちる　　犬　　　落ちる　　下-向格
windou-nginyi,　*dat*　karu　*i=m*　　　　karrap　*im*　*baldan*.
窓-奪格　　　　　その　子供　3sg.sbj=非未来　見る　3sg.obj　落ちる
That's it, the dog fell out of the window, and the child watched it as it fell down.

---

[164] Meakins（2008:74）例文 (2)。筆者が日本語訳と行間注解に加筆修正を行なった。

(39) では三つすべての文がクリオール語と同じ SVO の語順をとっている。動詞構造や基本的な動詞（*gon* 'go（行く）'、*baldan* 'fall（落ちる）'、時制や相の標示 =*m*（非未来）、-*in*（継続）もクリオール語から派生している。一方、名詞句構造は主にグリンジ語の特徴を受け継いでいる。格接尾辞（能格 -ngku、処格 -ngka/-ta、奪格 -nginyi、向格 -k）や派生接尾辞（所有 -jawung）、トピックを標示する接辞 -ma がグリンジ語またはクリオール語起源の語幹に付加されている。語彙の面から見ると、動詞・名詞類共に両言語の要素が使われている。例えば基本的な動詞はクリオール語であるが、その他はグリンジ語の非屈折動詞 karrap 'look at（見る）'、warlakap 'look around（見まわす）'やクリオール語動詞 *jing-in-at* 'calling out（大声で呼ぶ）'が混在している。同様に、指示詞もクリオール語 *dat* 'that（その）'、*jeya* 'there（そこ）'とグリンジ語 nyila-ngka 'there（そこ）'が使用されている。

　このように動詞体系・名詞体系で別々の供給元を持っている混成言語は類型的に珍しく、より一般的なのは文法体系・語彙体系でルーツが分かれる混成語である。[165] 例えば、メディア・レングアはスペイン語の語彙とケチュア語の文法が混ざった言語である。[166] グリンジ・クリオールの近隣コミュニティーで話されているライト・ワルピリの場合、名詞類の語彙は両言語から取り入れられているが、動詞の語彙はほとんどがクリオール語を起源にもつ。[167]

　グリンジ・クリオールはグリンジ語とクリオール語のコードスイッチを起源とすると考えられているが、実際、ワンジラ語話者のコードスイッチを含む発話と特に名詞句構造において類似している。[168] 前項のワンジラ語の例文 (36) では (39) と同様に、クリオール語の名詞的語彙にワンジラ語の格接尾辞の異形態が付加される。しかし、グリンジ・クリオールでは異形態素がグ

---

[165] McConvell & Meakins（2005）；Meakins（2011）

[166] Muysken（1997）

[167] O'Shannessy（2005）

[168] ワンジラ語で見られるコードスイッチはグリンジ・クリオールと似ているが、話者が少なく、どの要素がどちらの言語から供給されるかなど規則性を見出すことが難しいことや、コードスイッチした形が第一言語として習得されていないため混成語とはみなさない。

リンジ語より少なく、規則が簡素化している。[169] 例えば、グリンジ語の能格接辞 -ngku は母音終わりの2モーラの語幹に付加され（例：luma-ngku）、3モーラ以上の語幹には -lu が使われる（例：warlaku-lu）。一方、グリンジ・クリオールではすべての母音終わりの語幹に -ngku が付加される（例：warlaku-ngku）。

　さらに、グリンジ・クリオールの興味深い特徴は能格接辞の機能にある。元来、動作主を標示する文法的マーカーであったが、グリンジ・クリオールでは談話上の焦点や強調を示す任意の接辞となりつつある。伝統的なグリンジ語では、格標示によって主語、目的語などの文法機能を表わしていたが、グリンジ・クリオールでは一貫して SVO の語順をとるようになり、能格接辞の元来の機能は薄れてしまった。そのため他動詞文だけでなく、非他動詞文の主語にも能格接辞が現われる。[170]

(40)　「ジャガラは倒れた。」[171]

jat	Jangala-ngku	*buldan*
その	男性サブセクション-能格	落ちる

That Jangala falls down.

　最後に、グリンジ・クリオールの出現は伝統的なグリンジ語の喪失と共に、グリンジ語の保持の象徴でもある。Meakins（2008）によると、実は「グリンジ・クリオール」という名は学術上のものであり、話者はこれを単に「グリンジ」と呼ぶ。伝統的なグリンジ語は「ハードグリンジ」・「ラフグリンジ」・「プロパーグリンジ」などと呼ばれ区別される場合もあるが、通常、両方ともグリンジ人としてのアイデンティティーを示すものである。ワンジラ語話

---

[169] McConvell & Meakins（2005; 2011）、Meakins（2011; 2013）

[170] McConvell & Meakins（2005; 2011）、Meakins（2011; 2013）。このような能格接辞の機能の変化はライト・ワルピリにも見られる。ライト・ワルピリでは能格接辞は任意で談話中のフォーカス、新しい談話情報に適用され、特にワルビリ語ルーツの名詞類で、動作主が動物や無生物の場合により多く使われる傾向にある（O'Shannessy 2005）。

[171] McConvell & Meakins（2005:27）例文（25）。筆者が日本語訳と行間注解に加筆修正を行なった。

者の場合も、頻繁に起こるコードスイッチはワンジラ語の衰退を表わしているが、他言語が混ざった発話でもワンジラ語の要素を使用をすることで言語を維持するという意識や話者のアイデンティティーも象徴しているのではないかと考えられる。

3.7　アボリジニ言語の研究のこれからと研究者としての役割

アボリジニ言語の調査・研究は、比較的歴史が浅い。元々アボリジニの言語には書記法がなく、伝統的な知識や神話・民話は口頭により伝承されてきたが、白人による入植が始まり、各地の言語が記録されるようになった。特に1960年代、オーストラリア国内の大学に言語学科が設立された後、研究者や訓練を受けた多くの学生によって多くの文法書や辞書が出版されてきた。現在のアボリジニ言語に関する研究の中心は、文法記述や類型学、比較言語学よりも社会言語学や心理言語学的な研究（コードスイッチや混合語・子供の言語獲得・認知・言語政策など）にシフトしている傾向にある。しかし、包括的な文法書・辞書・テキスト集の三つが出版されるほど十分に記録されている言語は多くない。[172] 世界的に言語消滅の危機が警鐘されてから四半世紀が経過し[173]、オーストラリアでも専門家による調査・研究だけではなく、教育活動、一般への啓蒙活動などさまざまな言語維持のための取り組みが行なわれているが、状況はより厳しくなっており早急の記録が必要である。それほど言語の消滅のスピードが速く進んでいると考えられる。フィールド言語学者も自身の学問的探究だけでなく、直接的に現地社会へ調査結果を還元することや、言語維持や復興のための活動に実用的な支援をすることが求められる。[174]

---

[172] Obata and Lee（2010）

[173] Krauss（1992）を参照。

[174] 多くの言語学者が研究者としての倫理問題と合わせて同様のことを提唱している。アボリジニ言語に関しては、角田（2002; 2005）；Bowen（2008）；Evans（2010）；Walsh（2014）などがある。

3.7.1　現地社会との協働

　フィールド調査やさまざまな言語維持・復興活動は、現地社会の人々との協力が不可欠である。オーストラリアでは、特に現地の人々がそこで行なわれる研究をコントロールしたり、研究の成果が直接的に彼らの言語や文化の保全に役立つものであることを求める傾向にある。[175] 研究者は話者や現地社会の意見を聞き、彼らのために何が必要か、何ができるかなどを十分に話し合うことが重要である。ワンジラ語の場合、Tsunoda（2005）が話者の希望により文法書を書くことを目的に調査を始め、筆者がそれを引き継いだ。筆者が調査を始める際、話者は 80 代の女性二人のみであり「言語共同体」としての強い統制はなかったが、専門的な文法書の他に、ワンジラ語が話せない彼女らの家族のために何を作ったらよいかを話し合った。[176] 言語維持のためには、インフォーマントだけでなく彼らの家族も調査に参加してもらうことが必要であった。彼らの中には、ある程度ワンジラ語を聞いて理解できる者もいたため、当初は話者から聞き取った話の書き写しや翻訳作業の手助けなどをしてもらえないかと期待をしていた。しかし、彼らにも日々の生活があり、仕事や家事、子育てなどで時間を割いてもらうことが実際には非常に困難であった。結果としては、一人、二人に不定期に話者と一緒に来てもらい、物語やインタビューでの話を聞いて解説をしてもらうにとどまった。

　言語が比較的、まだ多くの人々に話されている場合、話者が自身の言語の記録や維持活動を実施しているケースもある。例えば西オーストラリア州の

---

[175] 角田（2002）。また、比較的話者が多い言語で現地社会の統制力が強い状況下での調査経験については Wilkin（1992）が詳しい。

[176] この際、インフォーマントが居住していたホールスクリークにある、キンバリー言語資料センターによる助言や協力が不可欠であった。当センターはキンバリー地区のアボリジニ言語グループの代表者が中心となって彼らの言語や伝統文化・知識の記録や資料の管理、言語維持活動、出版物の刊行、一般に向けての広報活動などさまざまなことを行なっている。同時に、現地の人々の言語や文化が倫理的に正当な方法で研究されるように独自のガイドラインを設け、研究者への助言指導や、研究者と話者らの間の仲介役などの役割を務めている。首都キャンベラにあるオーストラリア連邦立先住民・トレス海峡民文化研究所（Australian Institute of Aboriginal and Torres Strait Islander Studies）の他に、このような地方やコミュニティーレベルの言語・文化センターがオーストラリア全土に点在している。

ピルバラ地方のタランジ語（Thalanyji）では、ワンガ・マヤ・ピルバラ言語センターの言語学者の助けのもと、植物の名前や伝統的な知識が記録・出版された。[177] 話者自らが録音録画の機械の使い方やデータを管理するための知識や技術を習得し、言語の記録や分析をすることで、遠方から言語学者が現地にやって来て一時的に滞在するより、いつでも可能な時に多くのデータを記録保存できる。さらに、自身の言語を書いたり話したりすることで伝統言語社会の一員として自信や誇りを持てるようになり、自分達の言語や文化、伝統的知識への意識を高めることができるだろう。[178]

3.7.2 既存の言語資料を発展させる

　まだ話者が残っている言語の場合、彼らからさらにできるだけ多くの言語資料を記録することが必要である。その際重要なことは、多種多用な場面で用いられる言語をさまざまな形式で記録し、地元の人々でもできるだけわかりやすく、使いやすい状態にすることである。多様な話や会話を音声・映像などで記録したり、日常で使う言葉でだけでなく、敬遠体（3.5）など特別な言語使用域や手話、歌詞などを記録し、音声の書き起こし、翻訳や資料に関するあらゆる説明を加える。[179] ここ 10 数年間、言語学者と（民族）生物学者や植物学者、音楽学者が協力して地元の動植物などや伝統的な歌と音楽の記録や研究が各地で行なわれている。例えば、動植物の画像や科学的名称ならびに現地語での名称、またそれに関する伝統的な知識や習慣を英語や現地語で解説したものが出版されている。[180] また、音楽や踊りのパフォーマンスと共に歌詞の書き起こしや翻訳、解釈などをまとめ、マルチメディアを用い

[177] Hayes & Hayes（2007）
[178] Evans（2010）；Obata & Lee（2010）
[179] これは、Himmelman（1998）が提唱してきた記録言語学の観点に基づく。伝統的な記述言語学とは別に、言語の第一次データの編纂や保存や多種多様な言語記録を恒久的に保存確保し、将来の目的（研究や教材作成など）のために利用可能にしておくことを強調している。
[180] 例えば、Flower, McCale & Scott（2006）；Hayes & Hayes（2007）；Deegan et al.（2010）などがある。

た出版も進められている。[181] これらのプロジェクトは学術面だけでなく、現地社会にも伝統的な知識・文化の保存ならびに言語維持の面で大きな貢献を果たしていると思われる。

　一方、流暢に話せる話者が残っておらず古い資料しか残っていない言語の場合、それらの資料を整理し解析することから始める。特に、標準的な書記法が確立していなかった頃の資料は、調査者各々が自分の母語（英語やドイツ語など）を基に記述したものである。そのため、音声記録が残っていなければ、単語や文が本来どのように発音されていたのかを解明することが困難になっている。しかし、アボリジニの言語の多くは十分に記録される前に消滅してしまったという現実を考えると、過去の記録の質に問題があったとしても、現在の言語復興や再生活動の貴重な資料であると言える。特に言語が何世代に渡って話されていなかった場合、その資料が唯一残されている言語の断片となっているからだ。例えば、南オーストラリア州のカウナ語（Kaurna）は長い間話されないままであったが、言語学者が地元の人々と協力し古い資料や近隣言語の資料を基に、書記法や単語の綴りを統一し、かつての発音を推測した。さらに、既存の資料に欠けている文法項目（例えば、代名詞の体系や動詞の活用変化）や日常生活で使う表現、現代生活に合わせた単語（例えば「電話」や「椅子」）などを新たに作り出し、辞書や一般学習者のための文法書にまとめあげた。[182] この活動を通して、カウナの人々はカウナ語や言語学的知識を学び、現在、学校教育や祭りや葬式など公的な場においてカウナ語の使用範囲は広がってきている。[183]

---

[181] 例えば、Kemarr Morton et.al.（2013）；Marett et.al.（2013）；Gallagher & Brown（2014）などがある。

[182] このような活動は「言語再建 'language rebuilding'」（Giacon & Simpson 2012；Giacon 2014）とも呼ばれる。

[183] Amery & Gale（2008）；Amery（2016）。南オーストラリア州やニューサウスウェールズ州ではこのような復興・再生・再建活動が比較的多く行なわれている。

3.7.3　言語教育

　オーストラリアでは、アボリジニ言語教育は主に四つの目的を掲げたプログラムで行なわれている。(1)アボリジニ言語が第一言語であるアボリジニの生徒を対象とした第一言語維持（英語とのバイリンガル教育を含む）；(2)現在も若い世代に話されている言語の第二言語教育；(3)すでに流暢な話者がいなくなっている言語の言語復興・再建；(4)言語や文化への一般的な理解や意識の向上である。[184] 第一のプログラム以外は、アボリジニの生徒だけでなく、さまざまな目的や興味をもつ一般の生徒も対象にしている。とりわけ、消滅の危機に瀕している言語においては第一のプログラム、特に英語とのバイリンガル教育が重要であり、言語の維持だけでなく、第一言語で基本的な読み書きや知識を習得することが、それ以後の第二言語（英語）習得や自身の文化的知識習得、アイデンティティーの確立の成功や幸福（wellbeing）などに繋がるとされる。[185] また、高等教育・成人教育において、大学は比較的、話者の多い言語の第二言語教育を目的としたクラスを開講し、一方 TAFE（テーフ）と呼ばれる成人教育学校は、言語復興を目的に、話者が少ない地元の言語やその言語資料の使い方などをその言語グループの学生に教える傾向にある。[186] しかし、言語復興・再建には言語学の専門知識や詳細な言語分析を必要としている。Simpson & Giacon（2012）は、そのための教育や研究環境が整っており、複数の言語学者や大学院生がチームとなって現地社会と協力して活動を行なえる大学で、言語復興・再建を目的とした言語コースの実施が非常に有用であると訴えている。実際、カウナ語とガミララィ語（Gamilaraay）はそれぞれアデレード大学・シドニー大学で単位取得ができるコースが開催されている。[187]

---

[184] Obata & Lee（2010）；Giacon & Simpson（2012）

[185] Dibray（2017）

[186] Gale（2011）

[187] アデレード大学でのカウナ語授業は、2017 年度夏季講習で開講されたようだが、2018 年 2 月現在、正規の学期内では開講されていない。ガミララィ語に関しては、現在でもシドニー大学で正規のクラスとして開講されている。また、2018 年 1 月にはチャールズ・ダーウィン大学とオーストラリア国立大学共同で開催した夏季講習でもガミララィ語コースが

　しかし、以前から問題視されているのは、コースを継続して行なえるだけ
の予算や資金援助が不足していること[188]、言語を教えるに足る知識を持ち、
教員養成のトレーニングを受けた地元出身の教師が不足していること、教材
が十分にないことである。このような問題を早急に解決に導くことは確かに
困難である。

　言語学者には既存の言語資料を基にした教材の開発や、教育方法やカリ
キュラムの作成と発展、授業の運営など教育現場への積極的な協力が期待さ
れている。先述のカウナ語・ガミララィ語などの場合は、大学レベルでの授
業開講および、辞書や学習者のための文法書などの教材が開発されてきた。[189]
また、角田太作博士と角田三枝博士は、2002 年からクイーンズランド州で
ワロゴ語（Warrongo）の短期集中レッスンを行なっており、レッスン用の
教材や子供用ワロゴ語教材作成に参加している。[190] アボリジニの言語は一つ
ではなく、言語維持・復興活動を必要としている言語グループは数多くある。
これからもこのような継続的な貢献が必要だと考えられる。

行なわれた。

[188] 残念なことに 2009 年に北部準州政府がバイリンガル教育の予算を廃止してしまい、そ
れまでのプログラムはわずかな学校でしか継続できておらず、また現在でも大きな改善は
なされていない。また、大学や TAFE でのコースの開講も予算を割り当てるに値するほど
の数の受講生がいるのかといった懸念がある（Amery 2007；Amery & Gale 2008；Gale
2011；Giacon & Simpson 2012）。特に資金の問題は授業を開講するか否かだけでなく、教
員養成や教材開発にも関わってくる。

[189] Giacon（2014）；Amery（2016）

[190] 角田（2003; 2015）；Tsunoda（2005）

参考文献

青山晴美（2001）『もっと知りたいアボリジニ アボリジニ学への招待』明石書店

青山晴美（2008）『アボリジニで読むオーストラリア』明石書店

Amery, R. (2007) "Aboriginal language habitat in research and tertiary education."
G. Leitner & I.G. Malcolm (eds.) *The Habitat of Australia's Aboriginal Languages : Past,
Presnt and Future.* p.327-354. Berlin & New York : Mouton de Gruyter.

Amery, R. & Gale, M. (2008) "But our language was just asleep: a history of language revival
in Australia." W.B.McGregor (ed.) *Encountering Aboriginal Languages: Studies in the
History of Australian Linguistics.* p.339-382. Canberra : The Australian National University.

Amery, R. (2016) *Warraparna Kaurna!* Adelaide : University of Adelaide Press.

Attwood, B. (1989) *The Making of the Abgorigines.* Sydney : Allen & Unwin.

Austin, P., & Bresnan, J. (1996) "Non-configurationality in Australian Aboriginal
languages." *Natural Language & Linguistic Theory,* 14(2), p.215-268.

Australian Bureau of Statistics (2011) Census QuickStats : Aboriginal and Torres Strait
Islander People – Usual Residents. http://www.censusdata.abs.gov.au/census_services/
getproduct/census/2011/quickstat/IARE504003?opendocument&navpos=220（2018 年 10
月アクセス）

Bakker, P. (1997) *A Language of Our Own : The Genesis of Michif, the Mixed Cree- French
Language of the Canadian Metis.* Oxford : Oxford University Press.

Bellwood, P. (2005) *First Farmers : The Origins of Agricultural Societies.* Malden, MA:
Blackwell.『農耕起源の人類史』（長田・佐藤 訳）京都大学学術出版会 2008.

Berndt, R. M. & Berndt, C. H. (1987) *End of an Era : Aboriginal Labour in the Northern
Territory.* Canberra : Australian Institute of Aboriginal Studies.

Berndt, R. M. & Berndt, C. H. (1996) *The World of the First Australians: Aboriginal
Traditional Life Past and Present [Electronic resource] 5th ed.* Canberra : Aboriginal
Studies Press.

Blake, B. J. (1987) *Australian Aboriginal Grammar.* London & Sydney : Croom Helm.

Blake, B. J. (1994) *"Australian languages."* R.E.Asher (ed.) *The Encyclopedia of Language
and Linguistics.* Vol. 1, p.266-273. Oxford : Pergamon Press.

Blust, R. (2013) *The Austronesian Languages.* Australian National University. 9781922185075
(ebook).

Bowen, C. (2008) *Linguistic Fieldwork : A Practical Guide.* New York : Palgrave
Macmillan.

Deegan, B. et al. (2010) *Jaru Plants and Animals: Aboriginal Flora and Fauna Knowledge*

參考文獻

from the South-East Kimberley and Western Top End, North Australia. Halls Creek, Western Australia : Kimberely Language Resource Centre & Department of Natural Resources, Environment, the Arts and Sport.

Dibray, S. (2017) *Why more schools need to bilingual education to Indigenous children.* https://theconversation.com/why-more-schools-need-to-teach-bilingual-education-to-indigenous-children-79435（2018 年 10 月アクセス）

Dixon, R. M. (1972) *The Dyirbal Language of North Queensland.* Cambridge : Cambridge University Press.

Dixon, R. M. (1977) *A Grammar of Yidiɲ.* Cambridge : Cambridge University Press.

Dixon, R. M. (1980) *The Languages of Australia.* Cambridge : Cambridge University Press.

Dixon, R. M. (1990) "The Origin of 'Mother-in-Law Vocaburary' in Two Australian Languages." *Anthroppological Linguistics, 32* (1/2), p.1-56.

Eades, D. (1996) "Aboriginal English." S.A.Wurm (ed.) *Atlas of Languages of Intercultural Communication in the Pacific, Asia, and the Americas,* p.133-141. Berlin & New York : Mouton de Gruyter.

Evans, N. (2003) *An Interesting Couple : The Semantic Development of Dyad Morphees.* Köln : Institut für Sprachwissenschaft, Universität zu Köln.

Evans, N. (2010) *Dying Words : Endangered Languages and What They Have to Tell Us.* Malden, MA: Wiley-Blackwell.『危機言語 言語の消滅でわれわれは何を失うのか』（大西・長田・森 訳）京都大学学術出版会 2013.

Fishman, J. A. (1982) "Whorfianism of the third kind: ethnolinguistic diversity as a worldwide societal asset." *Language in Society* 11, p.1-14.

Flower, M., McCale, T. & Scott, M. (2006) *Nyawa Wanyjirra Milimili.* North Ryde, NSW : Indigenous Bioresources Research Group.

Gale, M. (2011) "Rekindling warm embers: teaching Aboriginal languages in the teritiary sector." *Australian Review of Applied Linguistics* 34 (3), p.280-296.

Gallagher, C. N. & Brown, P. N. (2014) *Jardiwanpa Yawulyu : Warlpiri Women's Songs from Yuendumu.* Batchelor, NT : Batchelor Press.

Garde, M. (2013) *Culture, Interaction and Person Reference in an Australian Language: An Ethnography of Bininj Gunwok Communication.* Amsterdam: John Benjamins.

Giacon, J. & Simpson, J. (2012) "Teaching indigenous languages at universities." J.Hajek, C.Nettlebeck & A.Woods (eds.) *The Next Step: Introducing the Languages and Cultures Network for Australian Universities. Selected Proceedings of the Inaugural LCNAU Colloquium,* p.61-73. Melbourne.

Giacon, J. (2014) "Linguists and language rebuilding : Recent experience in two New South Wales languages." *Language Documentation & Conservation,* p.430-451.

Graber, P. (1987) "The Kriol particle na." *Working Papers in Language and Linguistics,* 21, p.1-21.

Hale, K. (1983) "Warlpiri and the grammar of non-configurational languages." *Natural Language & Linguistic Theory,* 1, p.5-47.

Hayes, A. & Hayes, S. (2007) *Ngambunyjarri : Ngambunyjarri Thalanyjibarndi Yininyjarrii/ Thalanyji plant names and uses.* Onslow, Western Australia : Wangka Maya Pilbara Language Centre and Buurababalyji Thalanyji Association Inc.

Himmelman, N. P. (1998) "Documentary and Descriptive Linguistics." *Linguistics* 36, p.161-195.

保苅 実 (2004)『ラディカル・オーラル・ヒストリー オーストラリア先住民アボリジニ の歴史実践』御茶の水書房

Hudson, J. (1983) *Grammatical and Semantic Aspects of Fitzroy Valley Kriol.* Darwin, Northern Territory : SIL.

Ise, M. (1999) *Grammatical Sketch of the Malngin Language* (M.A.Thesis). Hokkaido University, Sapporo.

印東道子 (1993)「メラネシア−文化の回廊地帯」『オセアニア①島嶼に生きる』(大塚柳 太郎 他 編)、東京大学出版会、p.101-114.

梶 茂樹 (1993)『アフリカをフィールドワークする』大修館書店

Keen, I. (2004) *Aboriginal Economy and Society : Australia at the Threshold of Colonisation.* Oxford : Oxford University Press.

Kemarr Morton K. & Kemarr Morton M. (2013) *Antarrengeny Awely: Alyawarr Women's Songs from Antarrengeny.* Batchelor, Northern Territory : Batchelor Press.

Koch, H. (1996) "Reconstruction in morphology." M.Durie & M.Ross (eds.) *Comparative Method Reviewed : Regularity and Irregularity in Language Change,* p.218-263. New York : Oxford University Press.

Krauss, M. E. (1992) "The world's languages in crisis." *Language* 68 (1), p.4-10.

Laughren, M. (1982) "Warlpiri kinship structure." J.Heath, F.Merlan & A.Rumsey (eds.) *The Languages of Kinship in Aboriginal Australia, Oceania Linguistic Monograph,* 24, p.72-85. Sydney : University of Sydney.

Lee, J. & Dickson, G. (2002) *State of Indigenous Languages in the Katheren Region.* Katherine : Diwurruwurru-jaru Aboriginal Cooperation.

Lewis, M. P. & Simons, G. F. (2010) "Assessing endangerment : Expanding Fishman's GIDS." *Revue Roumaine de Linguistique,* 55(2), p.103-120.

Marett, A., Barwick, L. & Ford, L. (2013) *For the Sake of a Song : Wangga Songmen and Their Repertories.* Sydney : Sydney University Press.

McConvell, P. & Laughren, M. (2004) "The Ngumpin-Yapa subgroup." C.K.Bowern (ed.) *Australian Languages : Classification and the Comparative Method,* p.151-177.

Amsterdam; Philadelphia: Johon Benjamins.

McConvell, P. & Meakins, F. (2005) "Gurindji Kriol : A mixed language emerges from code-switching." *Australian Journal of Linguistics,* 25(1), p.9-30.

McConvell, P. (1982) "Neutralisation and Degrees of Respect in Gurindji." J.Heath, F.Merlan & A.Rumsey (eds.) *The Languages of Kinship in Aboriginal Australia. Oceania Linguistic Monograph,* 24, p.86-106. Sydney : University of Sydney.

McConvell, P. (1985) "Domains and Codeswitching among Bilingual Aborigines." M. Clyne (ed.) *Australia, Meeting Place of Languages* (p.95-125). Canberra : Pacific Linguistics.

McConvell, P. (1985) "The Origin of Subsections in Northern Australia." *Oceania* 56(1), p.1-33.

McConvell, P. (1988) "MIX-IM-UP : Aboriginal code-switching, old and new." M.Heller (ed.) *Codeswitching : Anthropological and sociolinguistic perspectives* (p.97-149). Berlin, New York & Amsterdam : Mouton de Gruyter.

McGregor, W. (2002) *Verb Classification of Australian Languages.* Berlin & New York : Mouton de Gruyter.

McKay, G. R. (1978) Pronominal Person and Number Categories in Rembarrnga and Djeebbana. *Oceanic Linguistics,* 17(1), p.27-37.

Meakins, F. (2008) "Land, Language and Identity : The socio-political origins of Gurindji Kriol." M.Meyerhoff & N.Nagy (eds.) *Social Lives in Language- Sociolinguistics and multilingual speech communities* (p.69-94). Amsterdam & Philadelphia : John Benjamins.

Meakins, F. (2010) "The Development of Asymmetrical Serial Verb Constructions in an Australian Mixed Language." *Linguistic Typology* 14(1), p.1-38.

Meakins, F. (2011) *Case-Marking in Contact : The development and function of case morphology in Gurindji Kriol.* Amsterdam & Philadelphia : John Benjamins.

Meakins, F. (2012) "Which Mix? - Code-switching or a mixed language - Gurinji Kriol." *Journal of Pidgin and Creole Languages* 27(1), p.105-140.

Meakins, F. (2013) "Mixed Languages." P.Bakker & M.Yaron (eds.) *Contact Languages : A comprehensive guide* (p.159-228). Berlin : Mouton de Gruyter.

Meakins, F., McConvell, P., Charla, E., McNair, N., McNair, H. & Campbell, L. (2013) *Gurindji to English Dictionary.* Bachelor, NT : Bachelor Press.

Meakins, F. & Nordlinger, R. (2014) *A Grammar of Bilinarra : An Aboriginal Language of the Northern Australia.* Berlin : Mouten de Gruyter.

Milliken, E. P. (1976) "Aboriginal Language Distribution in the Northern Territory." N.Peterson (ed.) *Tribes and Boundaries in Australia* (p.239-242). Canberra : AIAS.

Muysken, P. (1997) "Media Lengua." S.G.Thomason (ed.) *Contact Languages : A wider perspective* (p.65-426). Amsterdam & Philadelphia : John Benjamins.

Muysken, P. (2000) *Bilingual Speech : A Typology of Code-Mixing.* Cambridge : Cambridge University Press.

Nash, D. (1982) "Warlpiri Verb Roots and Preverbs." *Papers in Warlpiri Grammar. In Memory of Lothar Jagst. Work Papers of SIL-AAB, Series A Volume* 6, p.165-216.

Nettle, D. & Romaine, S. (2000) *Vanishing Voices : The Extinction of the World's Languages.* Oxford : Oxford University Press. 『消えゆく言語たち : 失われることば，失われる世界（島村宣男 訳）新曜社 2001.

Obata, K. & Lee, J. (2010) "Languages of Aboriginal and Torres Strait Islander Peoples : A Uniquely Australian Heritage. *Year Book Australia,* 2009-10, Australian Bureau of Statistics: http://www.abs.gov.au/ausstats/abs@.nsf/Previousproducts/1301.0Feature%20Article42009%E2%80%9310?opendocument&tabname=Summary&prodno=1301.0&issue=2009%9610&num=&view=（2018 年 10 月アクセス）

大林太良（1999）「オセアニア文化への招待」月刊『言語』（28-7）1999 年 7 月号、p.20-28.

O'Grady, G. N., Voegelin, C. F. & Voegelin, F. M. (1966) "Languages of the World : Indo-Pacific Fascicle Six." *Anthropological Linguistics,* 8(2), p.1-197.

O'Shannessy, C. (2005) "Light Warlpiri : A new language." *Australian Journal of Linguistics* 25(1), p.1-57.

O'Shannessy, C. (2011) "Language Contact and Change in Endangered Languages." P.Austin & J.Sallabank (eds.) *The Cambridge Handbook of Endangered Languages* (p.78-99). Cambridge : Cambridge University Press.

Price, G. (1984) *The Languages of Britain.* London : Edward Arnold.

Radcliffe-Brown, A. R. (1931) *The Social Organization of Australian Tribes.* Melbourne : Macmillan & Co. Limited.

Rasmussen, M. (2011) "An Aboriginal Australian Genome reveals separate human Dispersals into Asia." *Science* 334, p.94-98.

Reynolds, H. (1989) *Dispossession : Black Australians and white invaders.* Sydney : Allen & Unwin.

Rose, D. B. (1996) *Nourishing Terrains : Australian Aboriginal Views of Landscape and Wilderness.* Canberra : Australian Heritage Commission. 『生命の大地－アボリジニ文化とエコロジー』（保苅 実 訳）平凡社 2003.

崎山 理（1993）「オセアニアの言語的世界」『オセアニア①島嶼に生きる』（大塚柳太郎 他編）、東京大学出版会、p.65-83.

崎山 理（1999）「オセアニアの言語の系統とその特徴」月刊『言語』（28-7）1999 年 7 月号、p.29-37.

Schmidt, A. (1990) *The Loss of Australia's Aboriginal Language Heritage.* Canberra : Aboriginal Studies Press.

参考文献

Schultze-Berndt, E. (2000) *Simple and Complex verbs in Jamijung : A Study of Event Categirisation in an Australian Language.* Wageningan : Ponsen and Looijen.

Schultze-Berndt, E. (2007) "Recent Grammatical Borrowing into an Australian Aboriginal Language : The case of Jaminjung and Kriol. Y.Matras & J.Sakel (eds.) *Grammatical Borrowing in Cross-linguistic Perspective* (p.363-386). New York : Mouten de Gruyter.

Senge, C. (2016) *A Grammar of Wanyjirra, a language of Northern Australia.* Ph.D. dissertation submitted to The Australian National University.

Sutton, P. (1991) "Language in Aboriginal Australia : Social Dialects in Geographic Idiom." S.Romaine (ed.) *Language in Australia* (p.49-66). Cambridge : Cambridge University Press.

Tsunoda, T. (1981) *The Djaru Language of Kimberly, Western Australia.* Camberra: Pacific Linguistics.

角田太作 (1988)「オーストラリア原住民語」『言語学大辞典』(亀井孝・河野六郎・千野栄一 編著、三省堂) 第 1 巻、p.992-1031.

角田太作 (1999)「オーストラリア原住民語の世界」月刊『言語』(28-7) 1999 年 7 月号、p.42-49.

角田太作 (2002)「研究者の任務・倫理と記録の方法」宮岡伯人・崎山理 編著『消滅の危機に瀕した世界の言語:ことばと文化の多様性を守るために』(p.282-290) 赤石書店

角田太作 (2003)「原住民の言語・文化の維持と復活 オーストラリア」大角翠 編『少数言語をめぐる 10 の旅 フィールドワークの最前線から』(p.237-266) 三省堂

Tsunoda, T. (2006) *Language Endangerment and Language Revitalization : An introduction.* Berlin & New York : Mouton de Gruyter.

Tsunoda, T. (2011) *A Grammar of Warrongo.* Berlin : De Gruyter Mouton.

角田太作 (2015)「ワロゴ語(豪州)の復活活動」東京外国語大学アジア・アフリカ言語文化研究所 編『フィールドプラス:世界を感応する雑誌』13, p.14-15.

Velupillai, V. (2015) *Pidgins, Creoles and Mixed Languages : An introduction.* Amsterdam & Philadelphia : Johon Benjamins.

Walsh, M. (2014) "Indigenous Language Maintenance and Revitalisation." H.Koch & R. Nordlinger (eds.) *The Languages and Linguistics of Australia : A comprehensive guide* (p.329-362). Berlin : Mouton de Gruyter.

Wilkin, D. (1992) "Linguistic Research under Aboriginal Control : A personal account of fieldwork in Central Australia." *Australian Journal of Linguistics* 12, p.171-200.

Wurm, S. A. (1972) *Papuan Languages of Oceania.* Tübingen : Gunter Narr.

Wurm, S. A. (1982) *Languages of Australia and Tasmania.* The Hague & Paris : Mouton.

Yallop, C. (1982) *Australian Aboriginal languages.* London : Andre Deutsch.

術語集

オーストラリア

オーストラリア連邦を指す。オーストラリア大陸本土、タスマニア島および多数の小島からなる国であり、オセアニアに属する。1770年にスコットランド人のジェームズ・クックがシドニーのボタニー湾に上陸し、入植が始まった。オーストラリアは以下の七つの州・準州と首都特別地域、そしてその他の特別地域に区分されている。括弧内は、州名の略語と州都を示している。

 (1) ニューサウスウェールズ州（NSW, シドニー）

 (2) ヴィクトリア州（VIC, メルボルン）

 (3) クイーンズランド州（QL, ブリスベン）

 (4) 南オーストラリア州（SA, アデレード）

 (5) 西オーストラリア州（WA, パース）

 (6) タスマニア州（TAS, ホバート）

 (7) 首都特別地域 （ACT, キャンベラ）

 (8) 北部準州 （NT, ダーウィン）

 (9) その他の特別地域

エアーズロック

オーストラリア北部準州にある世界で二番目に大きい一枚岩である。オーストラリア大陸のほぼ中央、北部準州、南オーストラリア州および西オーストラリア州の州境に近く、オーストラリア大陸本土のほぼ中央に位置する。1987年、エアーズロックとその周辺地域はウルル－カタ・ジュダ国立公園として登録され、また同時にユネスコの世界自然遺産にも登録された。元来、公園はアナング族の土地であり、彼らの言語ピチャンチャチャラ語で「ウルル」とも呼ばれる。エアーズロックはオーストラリア政府にとって貴重な観光資源であり、毎年多くの観光客が登山に訪れる。しかしアナング族にとっては神聖な場所であり、彼らの社会では特別な人間以外は登山が認められていない。2019年10月から観光客向けの登山も全面禁止されることになって

いる。

アーネムランド

　オーストラリア北部準州北部の地域。ティモール海とカーペンタリア湾の間の半島の東半分を指す。面積は約 94,000 平方メートルで、その大部分が先住民専用居住地域となっている。

キンバリー

　西オーストラリア州の最も北に位置する地域で、ブルーム、ダービー、フィッツロイ・クロッシング、ホールスクリーク、カナナラ、ウィンダムなどの町が含まれる。当地域の大部分は岩山や藪に覆われた赤土の土地で、現在でも、広大な牧畜地として使用されている。1880 年代には、東部に位置するホールスクリーク近辺で金が発見され、多くのヨーロッパ人がやって来た。現在は、その手つかずの自然を目的に観光客が多く訪れる場となっている。北部には非パマ・ニュンガン諸語が分布し、南部にはパマ・ニュンガン諸語が分布している。

トレス島嶼

　270 以上の小島からなるオーストラリア領の島々を指す。その大部分は無人島である。オーストラリア本土北東のヨーク岬とパプアニューギアとの間にあるトレス海峡に位置するので、トレス海峡諸島（Torres Strait Islands）とも呼ばれる。トレス島嶼に住む人々は、本土に住むアボリジニとは系統的に異なるメラネシア系の先住民で、Torres Strait Islanders（トレス海峡諸島民）と呼ばれる。トレス島嶼はクイーンズランド州の領土に属するが、1994 年からトレス海峡諸島自治政府による統治が行なわれている。

オセアニア

　オーストラリア大陸、ニュージーランドと太平洋の諸島からなる地域。

パプア

　南太平洋西部のニューギニア島の東部に、パプア・ニューギニアという国

家（首都：ポートモレスビー）を形成する。この国は、ドイツ領およびイギリス領からオーストラリアの信託統治領という歴史を経て 1975 年に独立した（英連邦の一員）。ニューギニア島の西部は、インドネシア領のパプア州（古くはイリアンジャヤ州と呼ばれた）で、人口の 4 分の 3 は先住民のパプア人。ニューギニア島の別名としてパプアという語が用いられることもある。

ニューギニア

　オセアニアのオーストラリア大陸の北に位置する島であり、東経 141 度線を境に、西部はインドネシア領パプア州、東部はパプア・ニューギニアに分かれる。ニューギニア島は、地理学上メラネシアの島々の一つである。

フィールドワーク（フィールド調査）

　現地調査ともいう。研究対象とする事象が存在し、または行なわれている現地に、研究者が赴いて記録・収集・調査・観察などを行なうこと。言語研究では、研究者が研究対象となる言語が話されている地域に行き、話者に直接聞き取り調査を行い、話者のさまざまな言語活動（会話・物語・祭祀・歌など）を音声・映像で記録し、記述する。

フィールド言語学

　言語学研究の中の一つの専門領域。記述言語学とも呼ばれる。フィールドワークによって、話者から直接データを収集し、その言語の文法や音声、その他の言語活動などを記述分析する。対象となる言語は、比較的少数の話者によってのみ話され、また今まで文字によって記述されてこなかったようなものとなる場合も多い。このような調査で得たデータに基づいて、文法書・辞書・テキスト集を作成し、さらには、言語の多様性や普遍性を明らかにし、文法理論の発展や言語教育教材の開発などに貢献することが期待される。

比較言語学

　親縁関係が推定される諸言語を比較することにより、同系性（語族・語派など）を見出したり、あるいは、共通祖語を再構したりしようとする学問。具体的には、音・形態・語彙など種々のレベルで複数の同系言語を分析する。

インド・ヨーロッパ（印欧）語族を基に、その方法論が確立された。

ミッショナリー

　宗教上の教えを広め宣教すること。キリスト教会から派遣されて福音を述べ伝える行為を指す場合が多い。キリスト教の盛んな地域（例：欧米）から、まだキリスト教が盛んでない地方（宣教地）へ出向きキリスト教を伝えること。直接キリスト教を伝えるだけでなく、教育・医療・社会福祉などに関わるケースもある。

言語政策

　国家や政府などの公の機関が行なう、言語に関する改革・整理・統合・普及などの諸政策のこと。具体的には、言語の採択・普及・改革などの方策を指す。いわば、言語の自然な発展プロセスを人為的に変えようとする行動のことでもある。多民族国家や新しく建国された国家では，国語や公用語の選定と普及が課題となる。方言差や階級による言語の差が著しい場合には、標準語の決定も重要になる。これらの他に、植民地や領土に対して行なわれる言語普及の政策の例もある。

パマ・ニュンガン（Pama-Nyungan）

　アボリジニの言語の中で最大のグループであり、大体オーストラリアの本土南側のおよそ4分の3の地域に分布している。パマ・ニュンガンに属する言語は、共通の祖語から発達しており似通った特徴をもつ。それに属さない言語はすべて本土の北部（ダーウィン周辺部やアーネムランド地域）と北西部（キンバリー地方）に分布し、さまざまな語派に分かれ独特の特徴をもつ。

オーストロネシア語族

　北は台湾・ハワイから南はニュージーランド、東はイースター島から西はマダガスカル島まで、インド洋から太平洋にかけて分布する語族を形成する言語集団（「南島語族」とも呼ばれる）。通常は、インドネシア・メラネシア・ポリネシアの三つの語派に分けられる。

クラン（部族）

地縁関係によって成り立つ小規模のグループのこと。祖先を共通とする何人かの親族がメンバーとして集まっていて、土地・ことば・ドリーミングの信仰などを共有している。

逐語訳

原文の語順に沿って、一語ずつ区切って正確に翻訳すること、またはその翻訳したものを示す。

語根・語幹

二つはしばしば同義として用いられることがあるが、厳密には区別される。語根とは語の基礎となる部分（語基）で、意味を成しそれ自体で起こりうる最小単位である。他の語根と結びつき複合語を形成したり、接辞が付加されて屈折や派生が起こったりする。一方、語幹とは語の中から屈折接辞を除いた部分で、語根、または語根と派生接辞によって構成される。

接辞

語根に添加されさまざまな文法的意味や派生を表わす形態素。接辞は、語根のどの位置に添加されるかによって、接頭辞、接中辞、接尾辞に分けられる。また、その文法的性質によって、派生語を生む派生接辞、文法的な役割を表示する屈折接辞とに区別される。

接頭辞

接辞の一種。語根の前に添加される形態素。

接尾辞

接辞の一種。語根・語幹の後に添加される形態素。

接語

接語とは、一般的にそれ自体アクセントをもたず、前または後ろの語と一緒に発音される要素である。ワンジラ語の接語は以下の点で屈折接辞や派生

接辞と区別できる。第一に、接辞は普通、ある特定の品詞に付加されるが、接語はより幅広い種類の品詞に付加される。第二に、接辞には異形態形が複数存在し、付加される語幹によって別の形の接辞が使用されるが、接語にはそういった異形態形はほとんど見られない。最後に、接語は派生接辞・屈折接辞の外側に起こる。

格

　文中で名詞や名詞句が動詞とどのような文法関係または意味関係をもつかを示す文法範疇である。一般的に、主語・目的語など文法関係を示す格は文法格、場所・時間・理由など意味役割を示すものは、意味格と呼ばれる。

　狭義の意味では、格は屈折によって異なる語形で区別されるものである。例えば、ワンジラ語をはじめとするオーストラリアの言語では、名詞または名詞句にそれぞれの格接辞が付加される。ワンジラ語の名詞（代名詞を除く）の格標示の例を挙げる。

語幹　mawun（男）		語幹　ngurra（キャンプ・土地）	
絶対格	mawun	処格	ngurra-ngga
能格	mawun-du	向格	ngurra-nggawu
与格	mawun-gu	奪格	ngurra-nginyi

　一方、広義の意味では、名詞の語形変化だけでなく他の方法によって文法・意味関係を示すものなども格として考慮される場合もある。例えば、英語は前置詞や語順によって、日本語は助詞（は・が・を・に・から　など）によって名詞（句）と動詞の関係を示すことができる。

　格の種類にはさまざまなものがある。典型的なものは、主格（nominative）・対格（accusative）・与格（dative）・属格（genitive）などがある。オーストラリアの言語の大多数の言語は能格（ergative）と絶対格（absolutive）をもつ。同じような役割を担う格でも言語によって名称が異なることもあり、また、同じ名称の格でも言語によって担う文法的・意味的役割の幅は異なる。

能格

　文法格の一つ。能格をもつ言語では、他動詞文の主語に能格が、自動詞文

の主語には絶対格が用いられる。日本語には能格はなく、通常、他動詞文・自動詞文の主語には主格が用いられる。

絶対格

文法格の一つ。能格をもつ言語において、自動詞の主語および他動詞の目的語に用いられる格。通常格標示をもたず（無標）、絶対格の名詞（句）は語根・語幹と同じ形で現われる。

斜格

格の分類の一つで、主語や目的語といった文の主要な文法関係以外のものを標示する格。

奪格

意味格の一つであり、主に空間的・時間的起点（出発点）を表わす。ワンジラ語では原因・理由（〜によって）なども表わす。

主格

文法格の一つで、典型的には主語がとる格。

対格

文法格の一つで、典型的には他動詞文の直接目的語がとる格。

与格

文法格の一つで、典型的には他動詞文の間接目的語がとる格。ワンジラ語の場合、与格の用法はさらに広く、動作の目的やその動作によって利益を受ける者（〜のために）、所有者、「言う・話す」などの発話に関する動詞と共起する場合は、話の話題（〜について）や話をする相手などを示す。

向格

意味格の一つで、主に動作や行為が向かう空間的および時間的な到着点を示す。例えば、日本語では、「私はヘルシンキへ行く」や「私は12月までこ

こに滞在する予定だ」といった文で、「〜に・へ」や「〜まで」で標示されるもの。

処格

　意味格の一つで、一般的に動作や行為が行なわれる時間的および空間的な位置関係を示す。所格ともいう。

呼格

　一般的に誰かを呼びかけるときに用いられる名詞または代名詞の格のこと。オーストラリアの言語を始め多くの言語において、主格・絶対格形と同じ形をとる。ワンジラ語では、親族名称で相手を呼ぶ際にそれとは異なる形となる場合がある（3.4.1）。例えば、ngama-yi（母）と ngabu-yu（父）は、この形が絶対格形であるが、「お母さん！」「お父さん！」と呼びかける際には、ngama!, ngabu! となる。

モーラ

　一般的に一つの短音節を発音するのにかかる時間の単位を指す。長母音を含む長音節は、二モーラと数える。各言語によってモーラの扱いは異なるが、日本語音韻論では、子音音素と短母音音素の結合したもの、またはそれと同等の長さの音素を一つのモーラとする。例えば、道路（do・u・ro）は三モーラ、ザーザー降り（za・a・za・a・bu・ri）は六モーラ、本（ho・n）は二モーラ、病院（bjo・o・i・n）は四モーラとなる。

　ワンジラ語では、格接辞が名詞に付加される際、語幹のモーラ数によってどの異形態が使われるかが決まる場合がある。例えば、能格接辞は母音で終わる語幹の中でも二モーラの語幹には -nggu、三モーラ以上の語幹には -lu が付加される。

　　例　jiya-nggu
　　　カンガルー-能格　　　　　（語幹　２モーラ　ji・ya）
　　　warlagu-lu
　　　犬-能格　　　　　　　　　（語幹　３モーラ　wa・rla・gu）

maarda-lu
成人儀礼前の少年-能格　　　（語幹　3モーラ　ma・a・rda）

形態素

　ある言語において語彙的意味または文法的意味をもつ最小の単位。すべての語彙は一つ、またはそれ以上の形態素から成る。日本語の場合、「ひがさ（日傘）」は、「ひ」と「がさ」という語彙的意味を担う形態素から成る名詞である。また、「あまさ（甘さ）」は、「あま」という語彙的意味を担う形態素と「さ」という文法的意味（ここでは名詞化すること）を担う形態素をもつ。オーストラリアの言語、例えばワンジラ語の名詞 jamanuwaji（粉ひき器・種などを粉状にするための石）は、屈折動詞 jaman- 'to grind'（ひく・すりつぶす）と不定形を示す接尾辞 -u、ある動作に習慣的または象徴的に関連している物や人物を示す名詞を派生させる接尾辞 -waji から成る。jaman- は語彙的意味を担う形態素として、-u と -waji は文法的意味を担う形態素として、一語を形成している。

自動詞文

　通常目的語を取らない動詞を自動詞と呼ぶ。日本語の例では、「走る」・「あくびする」・「座る」・「驚く」などがある。これらの自動詞が述部になる文を自動詞文と呼ぶ。

他動詞文

　他動詞が述部である文。他動詞は目的語をとる動詞である。例えば、「太郎は花子を見た」という他動詞文では、「見た」という他動詞と、主語である「太郎」と目的語である「花子」が含まれる。また、「太郎は花子にバラをあげた」という文は二重他動詞文と呼ばれ、直接目的語「バラ」と間接目的語「花子」の二つの目的語をもつ。動詞「あげた」は特に二重他動詞と分類される。

項

　主に動詞や名詞句などからなる述語が表わす動作や状態に関わる実体

（entity）のこと。項は述語の意味的性質によって異なる数が要求される。例えば他動詞「切る」という述語においては、主語に当たる行為者項、目的語に当たる被行為者項の二つが必要不可欠とされる。項に対して、述語の性質によって選択されない要素で、文や節の中に任意で現われるものを付加詞という。付加詞はそれを除いても文や節の文法的な正しさに影響を及ぼさない。

行為者・動作主（A）

　述語が表わす動作や出来事の変化を直接的に意図を持って起こす、意味上の役割を担う項名詞句のこと。能動態の文の場合、行為者は一般的に主語に当たる。一方、受動態の文の場合、行為者は「〜に」および「〜によって」によって表示される。例えば、「太郎は犬に嚙まれた」、「ドアは花子によって開けられた」という受動態文の場合、前者は「犬」、後者は「花子」が行為者・動作主となる。

被行為者・被動作主（P）

　動詞が表わす動作や出来事の変化によって何らかの影響を受ける対象者としての意味役割を担う項名詞句のこと。日本語の場合、「犬が太郎を嚙んだ」という文で、「犬」は「嚙む」という動作を行なう行為者であり、「太郎」はその行為によって影響を受ける被行為者である。

文法性

　文法範疇の一つで、名詞の性（ジェンダー）の区分を指す。一部のオーストラリアの言語やインド・ヨーロッパ諸語などに見られる。日本語や中国語、韓国語にはこのような文法範疇はない。文法性には、主に男性・女性・中性の三つの区分があるが、言語によっては、男性・女性の二つしか区分がない場合や、六・七つもの細分化された区分をもつ場合もある。これらのグループは、主に名詞の屈折変化や共起する限定詞・修飾語の形によって分けられる。言語によっては、名詞が示す意味的な特徴、例えば、有生物か無生物か、人間か動植物か、食べられるものか食べられないものかなどが関係する。

有生性・無生性

名詞が示す意味的な特徴で、一般的に有生性をもつ名詞には人間・動物・魚などの生物を含み、無生性をもつ名詞には、水・空・岩・火などの無生物や植物を含む。しかし有生性・無生性の線引きは言語によって異なる。名詞の有生性（または無生性）は、その名詞が動作主（A）・被動作主（P）のどちらになりやすいかという点に関わってくる。無生物の名詞が他動詞の動作主になることは非常にまれであるが、人間（特に1人称や2人称代名詞）は最も動作主として現われやすい。

小辞

名詞、動詞、形容詞などの主要な品詞のどれにも容易に当てはめられない「残り物」の語を表わす際に用いられることが多い。例えば英語では、否定を表わす 'not' や不定詞と共に用いられる 'to' などがこのグループに入る。これらは、屈折変化や派生変化が起きないことから、不変化詞とも呼ばれる。

構成素

文や節、句といったより大きな構造体を構成する要素で、一つの意味的・文法的なユニットとして機能する語のかたまりを指す。特に文の語順においては、一つ一つの単語の順序ではなく、名詞句のような語の集合体を成す構成素の順序に注視する。以下に日本語の例文を挙げる。

(1) 太郎は　　　　　　　　大きな魚を　　　食べた。
(2) その小さな黒い猫は　　大きな魚を　　　食べた。
(3) その小さな黒い猫は　　鯛を　　　　　　食べた。

(1)の「太郎」や(3)の「鯛」は単一の名詞であるが、「は」や「を」といった助詞が付くことによりそれぞれ文の主語、目的語として文法的な役割を担う構成素として機能している。また、「太郎」は「その小さな黒い猫」、「鯛」は「大きな魚」という二つ以上の語から成る名詞句に置き換えることができる（例文(2)）。そのため、これらの名詞句も一つのユニット、つまり構成素と考えられる。

しかし、多くのオーストラリアの言語の場合、この構成素の各要素は、上

の日本語の文のように必ずしも「連続」にならず、文の中でバラバラに現われることがある。ワルピリ語の例を挙げる。

「その小さな子供は犬を追いかけている。」

Kurdu-ngku	ka	malijk	wajilipi-nyi	wita-ngku.
子供-能格	相	犬.絶対格	追いかける-非過去	小さい-能格

The small child is chasing the dog. (Hale 1981:10)

　ここでは、主語として働く名詞句構成素の一部 kurdu-ngku「子供」は文頭に現われているが、その他の構成素のメンバーである wita-ngku「小さい」は文末に現われている。このような非連続性をもつ構成素を非連続構成素という。これらを構成素として判別・定義するには、その言語のかなり詳細な文法的知識が必要となる。上のワルピリ語の場合、同じ構成素のメンバーは同じ格標示がなされており、それが一つの目印となるが、格標示は万能な判別方法ではない。言語独自のルールも存在し、文法的・意味的な条件の他に、イントネーションなどさまざまな面を考慮する必要がある。

複合動詞

　意味や語形上、独立する二つ以上の単語が結合することでできた動詞を指す。日本語の複合動詞は、動詞＋動詞型（例：探し回る・食べ切る）、名詞＋動詞型（例：旅立つ）、形容詞＋動詞型（例：若返る）など、動詞同士だけでなく、異なる品詞の単語が結合するものがある。

　ワンジラ語の複合動詞は、非屈折動詞と屈折動詞が結合したものを表わす。ワンジラ語を含め、非屈折動詞をもつオーストラリア北西部に分布する言語に共通している点は二点ある。まず、屈折動詞の数が実に少ないが（ワンジラ語の場合は 38）、非屈折動詞と結合することでさまざまな動作・行為・状態を表わす複合動詞を多数産出できるということである。次に、非屈折動詞は主に複合動詞全体としての語彙的な意味や屈折動詞の意味を修飾する副詞的な役割を担うのに対し、屈折動詞は主に時制・相・法や、複合語が表わす動作・行為・状態の概念的な情報を提供することである。

　しかし、それぞれの言語にどのような複合動詞があるか、その定義には言語によって多少異なる。ワンジラ語の複合語は、(1)「強連鎖複合動詞」、(2)

「弱連鎖複合動詞」、(3)「副詞的複合動詞」に大別される。この分類はいくつかのパラメーター（複合動詞内での語順・複合動詞になることで屈折動詞の他動性に変化が起こるか・一つの非屈折動詞がどれだけの屈折動詞と結合できるか・どの程度本来の意味が複合語に反映されているかなど）を基に、非屈折動詞と屈折動詞の文法的・意味的な結びつきの強さを測ったものである。結びつきの度合いは、明確に三段階に区別できるものでなく、むしろ、タイプ (1) の最大に結びつきが強いものからタイプ (3) の最も結びつきが弱いものまで連続体を成す。以下にそれぞれのタイプの例を挙げる。一番上に複合動詞としての意味を記し、逐語訳にはそれぞれの動詞単体の本来の意味を記す。

(例)　〈強連鎖複合動詞〉

飛ぶ		言う・報告する	
bard	gang-ana	biga	bung-ana
飛ぶ	運ぶ-現在	知らせる	打つ-現在

〈弱連鎖複合動詞〉

立つ		立てる・立たせる	
baru	garriny-ana	baru	yirran-ana
立つ	在る-現在	立つ	置く-現在

〈副詞的複合動詞〉

打ちそこなう		登る・（坂・階段などを）上る	
burruly	bung-ana	bardaj	yan-ana
失敗する	打つ-現在	上昇する	行く・来る-現在

等位接続詞

　英語の and や or のように、二つまたはそれ以上の文法的に対等関係にある語同士、句同士、節同士を連結するための語。ワンジラ語やジャル語には等位接続詞に当たる語は存在しないが、クリオール語の *an* (and) や *or* (or) などが借用語として頻繁に用いられている。

従位接続詞

英語の while, although, because などのように、従属節と主節を連結する働きをする接続詞。英語では、従位接続詞は必ず従属節の先頭に置かれるが、ワンジラ語の従位接続詞 guya は、従属節内の名詞句の後に置かれることもある。以下の例では、従属節は [ ] で示されている。

(例)「私たちが家畜を殺したので、白人たちは怒っていた。」

gariya	ngu=lu	guli	garri-nya	[ngarin
白人.絶対格	REAL=3pl.sbj	怒る	在る-過去	肉.絶対格

guya=rnalu=yanu	bung-an-i]
SUB=1pl.exc.sbj=3pl.obj	打つ-継続-過去

不定形動詞

一般的に動詞の形の一種で、屈折変化が起きていないもの。つまり、主語の人称・数・性や時制によって形が規定されることがない。対して、定形動詞は人称・数・性などにより形が区別され、時制も標示する。ワンジラ語には屈折動詞の不定形と非屈折動詞という二種の不定形動詞が存在する。

不定従属節

不定形動詞が述語として使われている従属節。ワンジラ語の不定従属節では、屈折動詞の不定形ならびに非屈折動詞が述語として現われ、ある格接辞と同型の従属標示が付加される。英語の if, when, that, because のような独立した従位接続詞は使われず、従属節の意味機能は従属標示の形によって決まる。また、従属節内には付属代名詞の集合体は現われず、通常従属節の主語は主節の主語または目的語と同一とされ、従属節の中では省略される。不定従属節は、その節で表わされる行為と主節の行為との時間的、論理的関係を示したり、主節の主語や目的語などを修飾する関係節のような役割をもつ。

双数

名詞や代名詞の数を示すカテゴリーの一つ。二つのものを表わす場合に用いられる形。その他に一つのものを示す単数形、複数のものを表わす複数形

がある。オーストラリアの言語では普通これらの三種類の数を区別するが、多くの言語では双数と複数の区別がなく、単数形と複数形のみをもつ。

付属代名詞

独立した一つの語として現われる独立代名詞と異なり、文や節の中にある他の何らかの語に付属して現われる代名詞。付属される語と付属代名詞が連結したものを付属代名詞集合体と呼ぶ。オーストラリアの言語には一般的に独立代名詞と付属代名詞両方が存在する。

ワンジラ語の付属代名詞は、文中の主語（行為者）、目的語（被行為者）などの人称・数・包含性・文法関係（主語・目的語など）を標示する。独立代名詞は、同じ項を指す独立代名詞や名詞句と共起できるが、自然な談話では付属代名詞のみで項を表わすことが多い。一つの文や節で、最大三つの項が付属代名詞で指示できるが、実際にどの項が指示され、付属代名詞集合体の中でどのような順序で現われるかは、音韻的・文法的・意味的な条件によって決まる。

ワンジラ語の付属代名詞は人称・数・包含性によって三種の形があり、(1)主語形、(2)目的語形、(3)その他の項を示す形に分かれる。例外的に、3人称単数には明確な主語形と目的語形がなく無標示となり、与格をとる目的語（間接目的語など）とその他の項のみが標示される。以下にワンジラ語の付属代名詞の単数形のみを挙げる。

表：ワンジラ語の付属代名詞（単数）

	主語形	目的語形	与格をとる目的語形	その他
1人称単数	=rna	=yi		=yila
2人称単数	=n/d	=nggu		=nggula
3人称単数	Ø（無標示）		=la	=lanyanda

言語によっては、付属代名詞は文法関係ではなく、格を標示すると考える研究者もおり、その付属代名詞の形や標示様式から、付属代名詞は主格－対格タイプの標示をとると解釈される場合もある（2.2.1を参照）。ワンジラ語の場合も、3人称単数を除いて、主語は自動詞文・他動詞文共に一つの形で

表わされ、目的語は別の形で表わされることから、主格－対格と同等の標示様式をとると解釈できる。

包含性

　1人称を指す人称代名詞には、聞き手を含める包含形と含めない非包含形がある。単数の場合は、「私」つまり話者のみを指す非包含形しか存在しないが、複数では、「私（話し手）とあなた（聞き手）とその他」を示す包含形と「私（話し手）と（聞き手以外の）第三者達」を示す非包含形が存在する。また、双数では、包含形は「私（話し手）と聞き手」を示し、非包含形は「私（話し手）と聞き手ではない誰かもう一人」を指し示す。ワンジラ語とワルピリ語の例を以下の表に記す。

表：ワンジラ語とワルピリ語の1人称代名詞

数	包含性	ワンジラ語	ワルピリ語
単数	非包含形「私」	ngayu	ngaju
双数	包含形「私とあなた」	ngali	ngali
	非包含形「私と誰か一人」	ngaliyarra	ngajarra
三数	包含形「私とあなたと誰か一人」	ngaliwula	
複数	包含形「私とあなたとその他二人以上」	ngaliwa	ngalipa
	非包含形「私とその他二人以上」	nganimba	nganimpa

　なお、ワンジラ語の1人称には三数を表わす代名詞が存在する。しかし、三数は包含形「私（話者）とあなた（聞き手）ともう一人（その場にいてもいなくてもよい）」のみで非包含形はない。三数形が使われる頻度は低く、多くの場合は複数形で言い表わされる。

　本稿では、人称の数を従来の「単数＝一人」「双数＝二人」「三数＝三人」「複数＝三人または四人以上」といった数え方をしているが、「私とあなた（聞き手）」を一つのユニット、つまり最小数とみなして数える方法（McKay 1978）も以下に簡単に説明しておく。

　この数え方では、最小形は「私とあなた」と「私」（「あなた」を除外、つまり非包含形）であり、そのユニットに一人追加された形（ユニット＋1）

がそれぞれ「私とあなたと誰か一人」と「私と誰か一人」（「あなた」を除外）、さらにユニットに複数追加された形（ユニット＋2以上）が「私とあなたとその他二人以上」と「私とその他二人以上」（「あなた」を除外）といった分類がなされる。この方法では、従来の数え方で見られた単数には包含形がなく、三数には非包含形がないという非対称性はなくなり、最小形、ユニット＋1、ユニット＋2^+と三つの「数」に各々二つずつの代名詞の形（聞き手「あなた」を含む形と除外する形）が存在する。

表：ユニット制を用いたワンジラ語の1人称代名詞の分類

数	日本語訳	ワンジラ語
最小	「私とあなた」	ngali
	「私」	ngayu
ユニット＋1	「私とあなたと誰かもう一人」	ngaliwula
	「私と誰かもう一人」	ngaliyarra
ユニット＋2^+	「私とあなたとその他二人以上」	ngaliwa
	「私とその他二人以上」	nganimba

筆者（左、河崎）がインフォーマント調査の現場で（2016年）

インヴァウェイでの調査。生まれ育った地を見渡すインフォーマント。
筆者（千家）が2010年に撮影。

|著者紹介|

河崎　靖 ［かわさき・やすし］京都大学教授

千家 愛子 ［せんげ・ちかこ］トゥルク大学 東アジア研究所 日本語教員

目録進呈　落丁本・乱丁本はお取替えいたします。

令和2年（2020年）2月20日　　Ⓒ 第1版発行

アボリジニの言語

著　者　　河　崎　　靖
　　　　　千　家　愛　子
発　行　者　　佐　藤　歩　武

発　行　所

株式会社　**大 学 書 林**

東京都文京区小石川4丁目7番4号
振替口座　00120-8-43740番
電話　（03）3812-6281〜3番
郵便番号　112-0002

ISBN978-4-475-01902-6　　ロガータ・横山印刷・常川製本

大学書林

語学参考書

著者	書名	判型	頁数
河崎 靖 著 クレインス フレデリック	低地諸国(オランダ・ベルギー)の言語事情	A5判	152頁
河崎 靖 著	オランダ語学への誘い	A5判	128頁
河崎 靖・他著	スイス「ロマンシュ語」入門	A5判	160頁
河崎 靖 著	ルーン文字の起源	A5判	112頁
河崎 靖 大宮康一 共著 西出佳代	ゲルマン語基礎語彙集	B6判	208頁
下宮忠雄 編	ゲルマン語読本	B6判	168頁
下宮忠雄 著	ゲルマン語対照辞典の試み	B6判	176頁
浜崎長寿 著	ゲルマン語の話	B6判	240頁
森田貞雄 著	ゲルマーニアをめぐって	B6判	138頁
朝倉純孝 著	オランダ語辞典	A5判	1200頁
塩谷 饒 著	オランダ語文法入門	B6判	192頁
朝倉純孝 著	オランダ語文典	B6判	224頁
清水 誠 著	現代オランダ語入門	A5判	336頁
鳥井裕美子 編	オランダ語会話練習帳	新書判	228頁
檜枝陽一郎 編	オランダ語基礎1500語	新書判	152頁
朝倉純孝 編	オランダ語常用6000語	B小型	328頁
朝倉純孝 著	オランダ語会話ハンドブック	B6判	248頁
斎藤 信 著	日本におけるオランダ語研究の歴史	B6判	246頁
森田貞雄 著	アイスランド語文法	A5判	304頁
下宮忠雄 金子貞雄 著	古アイスランド語入門	B6判	176頁

―目録進呈―

大学書林
語学参考書

小泉　保 著	改訂 音 声 学 入 門	A5判	256頁
小泉　保 著	言語学とコミュニケーション	A5判	228頁
小泉　保 著	ウ ラ ル 語 統 語 論	A5判	376頁
小泉　保 著	ウ ラ ル 語 の は な し	A5判	288頁
下宮忠雄 編著	世界の言語と国のハンドブック	新書判	280頁
大城光正 吉田和彦 著	印 欧 アナトリア 諸 語 概 説	A5判	392頁
千種眞一 著	古 典 アルメニア 語 文 法	A5判	408頁
小林　標 著	独習者のための楽しく学ぶラテン語	A5判	306頁
國原吉之助 編	新版 中 世 ラテン語 入 門	A5判	320頁
湯田　豊 著	サ ン ス ク リ ッ ト 文 法	A5判	472頁
上田和夫 著	イディッシュ 語 文 法 入 門	A5判	272頁
栗谷川福子 著	ヘ ブ ラ イ 語 の 基 礎	A5判	478頁
千種眞一 著	ゴ ー ト 語 の 聖 書	A5判	228頁
勝田　茂 著	オ ス マ ン 語 文 法 読 本	A5判	280頁
小沢重男 著	蒙 古 語 文 語 文 法 講 義	A5判	336頁
津曲敏郎 著	満 洲 語 入 門 20 講	B6判	176頁
池田哲郎 著	ア ル タ イ 語 の は な し	A5判	256頁
塩谷　亨 著	ハ ワ イ 語 文 法 の 基 礎	A5判	190頁
島岡　茂 著	フ ラ ン ス 語 統 辞 論	A5判	912頁
小林　惺 著	イ タ リ ア 文 解 読 法	A5判	640頁

―目 録 進 呈―

大学書林
語学参考書

著者	書名	判型	頁数
野 口 忠 司 著	シ ン ハ ラ 語 の 入 門	Ａ５判	344 頁
鈴 木　斌 著	基 礎 ウ ル ド ゥ ー 語 読 本	Ｂ６判	232 頁
鈴 木　斌 著	ウ ル ド ゥ ー 語 文 法 の 要 点	Ｂ６判	278 頁
萩 田　博 編著	基 礎 パ ン ジ ャ ー ビ ー 語 読 本	Ｂ６判	144 頁
野 口 忠 司 著	や さ し い シ ン ハ ラ 語 読 本	Ｂ６判	336 頁
萬 宮 健 策 編	ス ィ ン デ ィ ー 語 基 礎 1500 語	新書判	160 頁
石 田 英 明 著	実 用 ヒ ン デ ィ ー 語 会 話	Ｂ６判	302 頁
石 田 英 明 著	実 用 マ ラ ー テ ィ ー 語 会 話	Ｂ６判	344 頁
三枝礼子 ビニタ・パント 著	ネ パ ー ル 語 で 話 し ま し ょ う	Ｂ６判	230 頁
黒 柳 恒 男 著	アラビア語・ペルシア語・ウルドゥー語対照文法	Ａ５判	336 頁
黒 柳 恒 男 著	ペ ル シ ア 語 の 話	Ｂ６判	192 頁
大 野　徹 編	東 南 ア ジ ア 大 陸 の 言 語	Ａ５判	320 頁
宇 戸 清 治 著	や さ し い タ イ 語 文 字 の 読 み 書 き	Ａ５判	152 頁
宇 戸 清 治 著	や さ し い タ イ 語 基 本 表 現	Ａ５判	204 頁
佐 藤 正 範 編	超 入 門 イ ン ド ネ シ ア 語	Ａ５判	198 頁
中 嶋 善 輝 著	カ ザ フ 語 文 法 読 本	Ａ５判	240 頁
縄 田 鉄 男 著	ク ル ド 語 入 門	Ａ５判	208 頁
切 替 英 雄 編著	ア イ ヌ 神 謡 集 辞 典	Ａ５判	512 頁
中 島　久 著	ス ワ ヒ リ 語 文 法	Ａ５判	368 頁
小 泉　保 著	現 代 日 本 語 文 典	Ａ５判	208 頁

―目 録 進 呈―